职业院校汽车类专业理实一体化（富媒体交互式）教材

汽车发动机构造与一般操作

QICHE FADONGJI GOUZAO YU YIBAN CAOZUO

AR/VR版

主　审：尹万建

主　编：周定武　黄志勇　罗灯明

副主编：张书环　吕楚鹏　李　权　乐启清

中南大學出版社

www.csupress.com.cn

·长沙·

课程目标

OBJECTIVES

本课程将向您介绍关于汽车发动机机械的基础知识。完成本课程的学习后，您将能：

- 描述发动机的工作原理。如：上止点、下止点、活塞行程、气缸工作容积、发动机工作容积、燃烧室及燃烧室容积、气缸总容积、压缩比、功率、扭矩、四冲程、气门重叠等。
- 描述发动机的分类和基本构造。
- 描述曲柄连杆机构、配气机构、燃油供给系统、润滑系统、冷却系统、点火系统、起动系统和进排气系统的作用和分类。
- 描述各系统组成部件的作用、结构、分类。
- 执行发动机机械的一般操作。

前言

PREFACE

我国汽车工业发展迅猛，汽车销量已连续多年雄居世界第一，但与之相应的专业技术人才十分缺乏。我国汽车的品牌种类繁多，保有量巨大，急需大量既懂原理，又能熟练进行汽车维护保养作业的专门人才。

本教材编写的目的是让课程教学贴近企业岗位的技能培训，让学习者按照企业的标准掌握专业知识，使教学目标和企业岗位培训相结合，实施理－虚－实一体化教学，实现校企一体化教学体系。

随着校企合作的不断深入，校企双元融合，发挥双方在人才培养过程中的优势，做到优势互补、人才共育。学校注重基础与理论，企业注重技能和实践。本教材编写遵循校企一体化理念，整体内容按照发动机结构认知规律安排，每个任务均选自于企业实际生产任务，以企业技能培训认证标准和流程为基本框架，操作内容、操作规范、考核认证等均参照行业、企业标准，任务驱动，利用现代化的教学手段(移动 VR 教学平台及资源)，直接把学习者带入工作情景。

本教材融入了企业培训要素，结合了学校人才培养特点，立足于职业院校学生学情。其突出特点如下：

1. 真实岗位工作过程教学＋任务驱动

整体内容是按照发动机结构认知规律安排的。每个任务均选自于企业实际生产任务，教学从任务发布开始，学习者会在完成学习任务的过程中，掌握实际工作的步骤和流程及体会职业素养要求，虚拟操作平台会对每个任务完成情况进行评定，便于教学组织及学习评价。

2. 注重人才职业素养及能力培养

注重培养学生的自学能力、探究学习能力。教材中多处涉及维修作业所产生的废油、废水等物品的处理，这些物品会对环境及人体造成破坏或危害，注重培养学生环保意识、劳保意识等综合素养。

3. 配套 VR 等特色资源

为提高学生的学习兴趣、提高教学效率，配套开发了移动终端 VR 虚拟实操平台资源。实现在不需要变换空间和场地的情况下，老师和学生都能通过移动终端进行线上学习，VR 虚拟实操，完成任务实施。

本教材内容选取目标清晰、层次分明、指向明确。因此，学生学习时更易吸收、更易理解。教材内容整体符合发动机结构的认知规律，任务流程合理，满足职业教育与企业培训的双重目标。

限于编者经历和水平，不足之处在所难免，希望读者在使用本套教材时，及时提出修改意见和建议，以便再版时改正。

编　者

2019 年 1 月

目录
CONTENTS

1 概述

学习目标

- 熟悉发动机的基本结构。
- 熟悉发动机相关术语。
- 熟悉四冲程汽油机工作原理。
- 了解发动机的历史。

1.1 汽车发动机简介

汽车发动机是为汽车提供动力的装置，是汽车运行的动力来源，决定着汽车的动力性、经济性和环保性。

将热能转化为机械能的机械动力装置简称为热力机，热力机是借助工质的状态变化将燃料燃烧产生的热能转变为机械能。内燃机是热力机的一种，其特点是将液体或气体燃料与空气混合后在发动机内部燃烧而产生热能，然后再将热能转变成机械能。

另一种热力机是外燃机，其特点是燃料在机器外部燃烧将水加热，然后把产生的高温、高压水蒸气输送至机器内部，使其所含的热能转变为机械能，如蒸汽机车。目前，汽车发动机主要采用内燃机，因为内燃机具有热效率高、体积小、质量小、起动性能好等优点。

车用内燃机大体分为活塞式内燃机和燃气轮机两大类，活塞式内燃机按活塞运动方式不同分为往复活塞式和旋转活塞式两种。汽车上应用最广泛的是往复活塞式内燃机，目前汽车上装备的活塞式发动机自19世纪60年代问世以来，经过不断改进和发展，已是比较完善的机械装置。

往复活塞式内燃机根据工作行程的不同，可分为二冲程发动机和四冲程发动机，汽车发动机普遍采用四冲程发动机。

四冲程发动机根据燃料不同，可分为汽油发动机、柴油发动机以及生物燃料发动机等。目前在汽车用发动机中，最为常见的是汽油发动机(图1－1)和柴油发动机(图1－2)。

汽车发动机(engine)，是汽车的动力来源，也称为引擎，是将燃料燃烧的化学(热)能转化为活塞运动的机械能的机器(把电能转化为机械能的称为电动机)。

图 1－1 汽油发动机

图 1－2 柴油发动机

发动机最早诞生在英国，所以，发动机的概念也源于英语，它的本义是指“产生动力的机械装置”。简而言之，发动机是一种能量转换装置。

1.2 发动机的历史

◎1794 年

英国人斯垂特首次提出把燃料和空气混合制成混合气体以供燃烧的构想。

Nicolaus Otto
奥托
(1832—1891)

◎1801 年

法国人勒本提出煤气机原理。

◎1838 年

英国发明家亨纳特发明了世界第一台内燃机点火装置，该项发明被世人称之为“世界汽车发展史上的一场革命”。

◎1858 年

法国工程师洛纳因发明了世界上第一只用陶瓷绝缘制成的电点火火花塞。

Gottlieb Daimler
戴姆勒
(1834—1900)

◎1860 年

法国工程师莱诺制成了第一部用电火花点燃煤气的煤气机。

◎1867 年

奥托制成了单缸卧式、压缩比为 2.5 的 3 kW 煤气机。

◎1889 年

戴姆勒的 V 型发动机在德国获得专利，后来卡尔·奔驰在自己的汽车上采用了这种类型的发动机，并付给戴姆勒 3.7 万马克专利费。

Carl Benz
卡尔·奔驰
(1844—1929)

◎1893 年

德国人狄塞尔在其论文《转动式热机原理和结构》中，论述了柴油发动机原理。

◎1897 年

狄塞尔制成压缩点火式 1.1 kW 柴油发动机，热效率高达 26%，世界为之震惊。

Rudolf Diesel
狄塞尔
(1858—1913)

◎1898 年

美国人富兰克林研制出顶置气门 4 缸风冷式发动机。

◎1901 年

德国博世公司发明高压磁电点火装置。

Robert Bosch
博世
(1861—1942)

◎1903 年

法国研制出第一台 V 型发动机。

◎1912 年

自动起动器在凯迪拉克汽车上被首次装用；双凸轮顶置式发动机在瑞士问世；别克 V12 型发动机采用了铝制活塞。

◎1931 年

离心式、真空式点火提前角自动调节装置由克莱斯勒公司研制成功。

◎1951 年

克莱斯勒公司推出具有半球形燃烧室的 V8 发动机。

◎1953 年

晶体管被应用于汽车点火系统。

◎1954 年

新中国第一台航空发动机，是 1954 年在湖南株洲国营三三一厂仿制成功的 M－11 型活塞航空发动机（国内型号 50 号发动机）。

新中国第一台航空发动机

◎1956 年

德国人汪克尔(Wankel)发明了转子发动机，使发动机转速有较大幅度的提高。1964 年，德国 NSU 公司首次将转子发动机安装在轿车上。

转子发动机

◎1958 年

1958 年 4 月，新中国第一台摩托车发动机 M－72，由湖南株洲国营三三一厂试制成功。

◎1959 年

控制污染的曲轴箱通气阀研制成功。

新中国第一台摩托车发动机

◎1964 年

半球形燃烧室(完整版)问世。

◎1971 年

日本本田公司研制出复合涡流控制燃烧式(CVCC)发动机，该机装有催化式排气净化器，其排气净化水平达到美国 1975 年开始实施的《净化空气法案》标准。

◎1975 年

美国汽车开始采用电控燃油喷射系统。

◎1983 年

涡轮增压发动机技术被广泛使用。

1.3 发动机基本结构

汽油发动机种类及型号众多，但其基本结构大体相似，如图 1－3 所示，一般由两大机构和六大系统组成：曲柄连杆机构、配气机构、燃油供给系统、润滑系统、冷却系统、点火系统(柴油机无此系统)、起动系统和进排气系统。

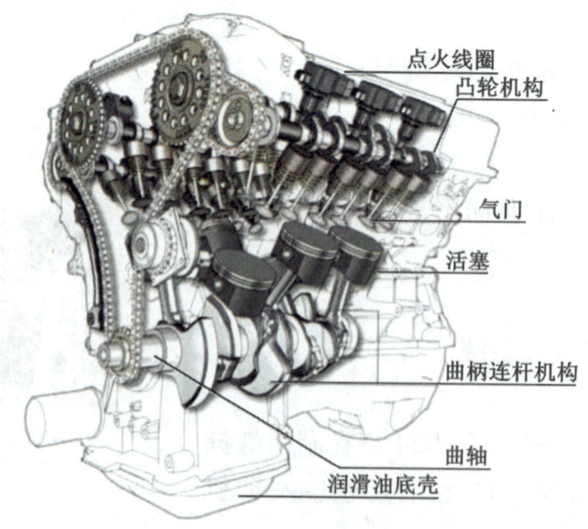

图 1－3 汽油发动机基本结构

1. 曲柄连杆机构

在做功行程中，活塞承受燃气压力在气缸内做直线运动，通过连杆转换成曲轴的旋转运动，并通过安装在曲轴上的飞轮对外输出动力。而在进气、压缩和排气行程中，飞轮释放能量又把曲轴的旋转运动转化成活塞的直线运动。曲柄连杆机构是发动机实现工作循环、完成能量转换的主要运动零件。

曲柄连杆机构由机体组(图 1 -4)、活塞连杆组和曲轴飞轮组等组成(图 1 -5)。

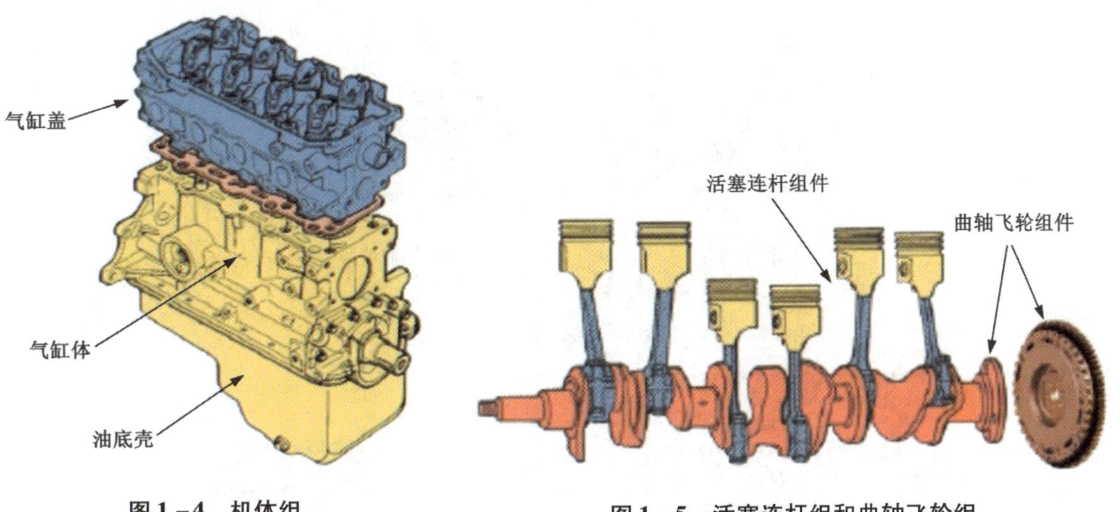

图 1 -4　机体组

图 1 -5　活塞连杆组和曲轴飞轮组

2. 配气机构

配气机构的作用是根据发动机的工作顺序和过程，定时开启或关闭进气门和排气门，使可燃混合气(或纯空气)进入气缸，并使废气从气缸内排出。这种按照发动机工作循环配置进排气门开闭时刻的过程称为配气正时。

配气机构大多采用顶置式气门配气机构，主要包括气门组和气门传动组两部分，如图 1 -6 所示。

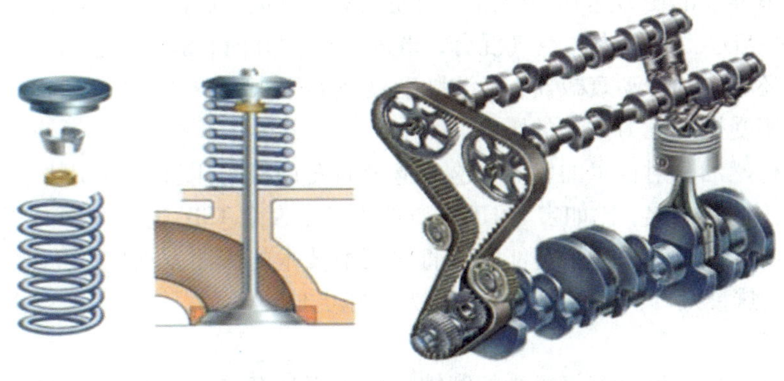

图 1 -6　气门组和气门传动组

3. 燃油供给系统

燃油供给系统的作用是向发动机燃油喷射系统提供具有一定压力的燃油。

目前汽油发动机普遍采用电子燃油喷射技术，其燃油供给系统一般由燃油箱、燃油泵、燃油滤清器、燃油导轨、燃油压力调节器、喷油器以及进油管和回油管等组成，如图 1－7 所示。

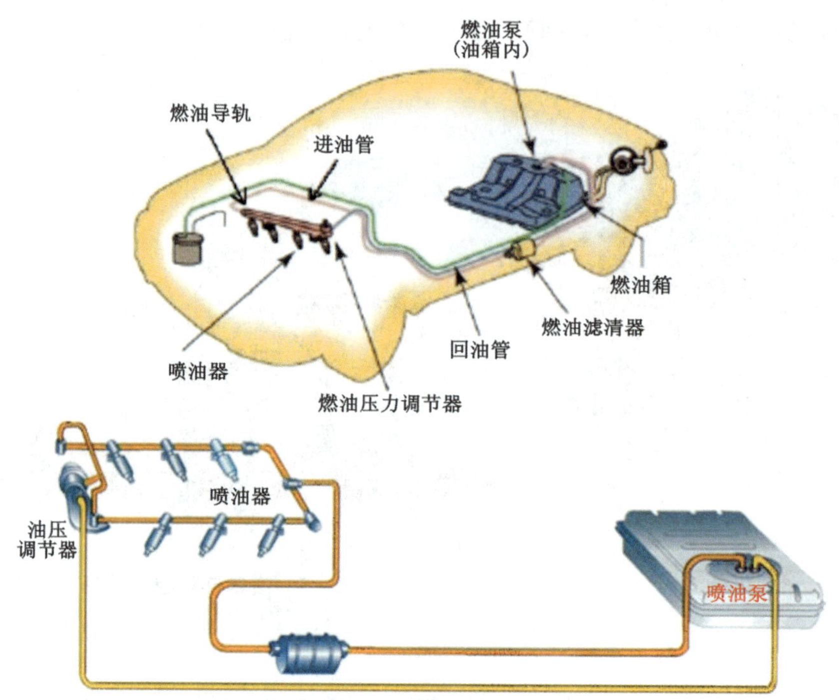

图 1－7　汽油发动机燃油供给系统

电动燃油泵安放在燃油箱内。当打开点火开关时，电动燃油泵运转几秒钟，提高燃油管路中的压力以利于起动发动机。当电动燃油泵持续工作时，汽油从燃油箱泵出，经过燃油滤清器过滤后，通过输油管进入燃油导轨。燃油导轨上有燃油压力调节器和喷油器。燃油压力调节器用来调节燃油的压力达到一定值。当喷油器打开时，燃油被喷射到进气歧管内靠近进气门的地方，并与进气歧管内的空气混合，当进气门打开时，混合气被吸入气缸。有的发动机燃油导轨上还有燃油脉动衰减器，燃油脉动衰减器用来衰减燃油压力的波动，保证发动机喷油量的精度不受燃油压力波动的影响。

随着发动机燃油喷射技术的发展，越来越多的发动机采用缸内直喷技术(在不同汽车品牌中各自有着不同的学名，比如宝马 HPI、奥迪 TFSI、大众 TSI、通用 SIDI)，即燃油在加压后由喷油器直接喷入气缸。采用了智能缸内直接喷射技术的汽油发动机，可以实现燃油分层燃烧和均质燃烧，这种发动机热效率更高，动力性能更佳。

4. 润滑系统

发动机曲柄连杆机构及配气机构的摩擦部件由于运行速度较快，需要良好的润滑，否则将导致发动机相关部件迅速磨损直至损坏。发动机润滑系统有许多油道通向这些摩擦部件，并依靠机油泵向这些油道输送润滑油。

发动机润滑系统主要包括机集滤器、油泵、限压阀、机油滤清器、润滑油道等部件，如图1－8所示。其主要作用除了可以对摩擦部件进行润滑外，还具有冷却、清洗、密封、防腐蚀等功能。

5. 冷却系统

发动机工作过程中产生的热量会使发动机的温度越来越高，如果不及时疏散热量，将导致发动机无法工作。冷却系统主要利用气体流动(风冷)或液体循环(液冷)将受热机件多余的热量带走并散发到大气之中，使发动机在适宜的温度下工作。

冷却系统主要由发动机气缸体水套、水泵、节温器、散热器、冷却风扇、冷却液膨胀箱(储液罐)以及水管等组成，如图1－9所示。

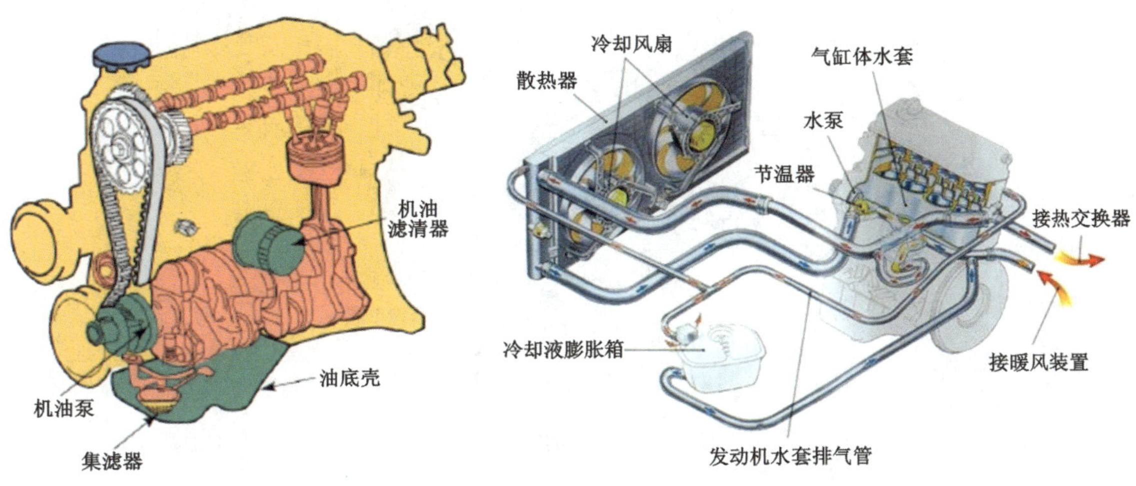

图1－8　发动机润滑系统

图1－9　发动机冷却系统

6. 点火系统

在汽油机中，气缸内的可燃混合气是由电火花点燃的，因此在汽油机的气缸盖上装有火花塞，火花塞头部伸入燃烧室内，能够按时在火花塞电极间产生电火花。

点火系统通常由蓄电池、发电机、分电器、点火线圈、分缸线和火花塞等组成。

目前汽油发动机大都采用控制精度高、响应速度快的无分电器电子控制点火系统。有些发动机点火系统采用集成点火线圈，取消了分缸线。

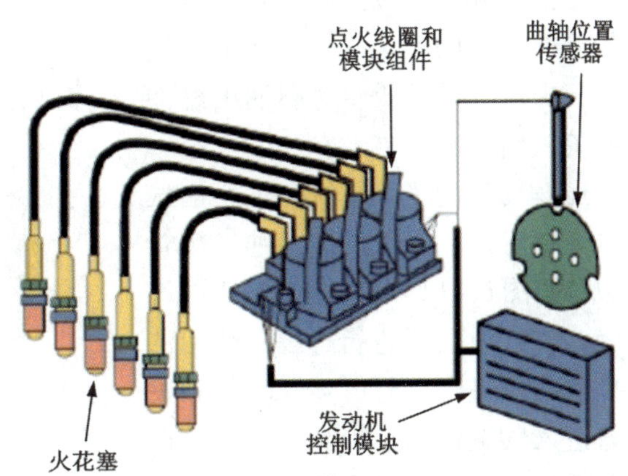

图1－10　电子控制点火系统

电子控制点火系统一般由低压电源、发动机控制模块(或点火控制模块)、点火线圈、火花塞、高压线以及传感器等部件组成，如图1－10所示。

7. 起动系统

要使发动机由静止状态过渡到工作状态，必须先使用外力转动发动机曲轴，带动活塞做往复运动。在活塞的作用下，气缸内的可燃混合气燃烧做功，推动活塞向下运动使曲轴旋转，这个过程我们称之为发动机起动。

发动机起动系统主要由蓄电池、起动机和起动控制电路等组成，起动控制电路包括点火开关、起动继电器、保险丝、线束连接器以及导线等，如图 1－11 所示。

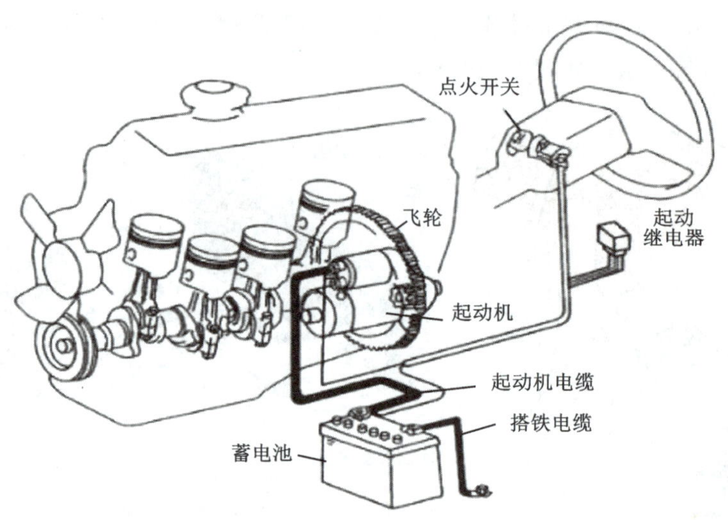

图 1－11　发动机起动系统

8. 进排气系统

发动机工作需要可燃混合气，可燃混合气是空气和燃油按照一定比例混合形成的能够燃烧的混合气。可燃混合气中的空气由进气系统提供，燃油由燃油供给系统供给。

普通发动机的进气系统一般由谐振腔、空气滤清器、节气门体、进气歧管等组成，如图1－12 所示。空气从进气口被吸入空气滤清器进行过滤，然后洁净的空气通过进气软管、节气门体和进气歧管进入气缸。为了提高发动机的性能和降低排放污染，有些发动机在进气系统上采用了一些先进的进气控制技术，例如机械增压、涡轮增压、可变进气歧管等。

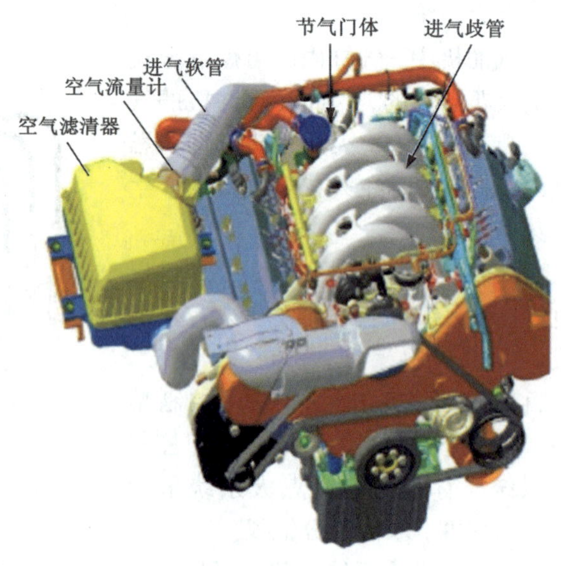

图 1－12　发动机进气系统

发动机排气系统的作用是将空气和燃油的混合气燃烧后产生的废气排出气缸，同时还具有净化和过滤作用。

排气系统的组成主要有排气歧管、氧传感器、三元催化器、排气管以及排气消声器等，如图 1-13 所示。

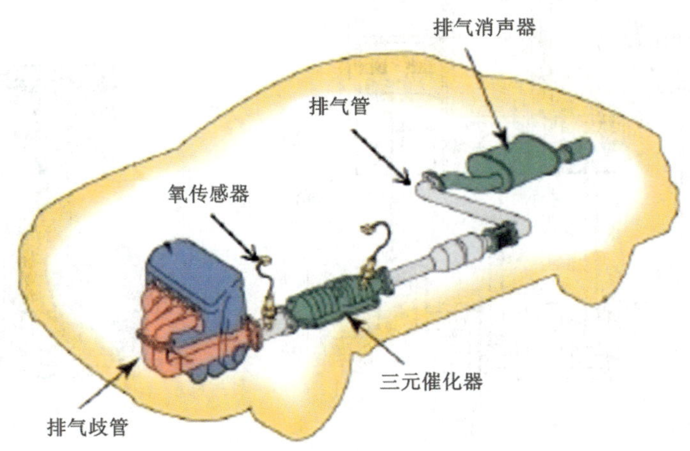

图 1-13　发动机排气系统

1.4　发动机基本术语

1. 上止点（Top Dead Center）

活塞上下往复运动时活塞顶部离曲轴旋转中心最远处，即图 1-14 中活塞最高位置。

2. 下止点（Bottom Dead Center）

活塞上下往复运动时活塞顶部离曲轴旋转中心最近处，即图 1-14 中活塞最低位置。

3. 活塞行程（*S*）

活塞上、下止点间的距离称为活塞行程，如图 1-15 所示。曲轴每转动半圈（即 180°）相当于一个行程。通常用符号 *S* 表示。

在发动机排量一定的情况下，发动机可以有两种设计思路：大缸径小行程和小缸径大行程。小行程意味着活塞的行程相对较小，这也就意味着活塞更容易在单位时间内往复运行更多的次数，也就是说更容易达到较高的转速。而大行程则意味着活塞行程相对较大，这也就意味着活塞拥有更长的加速距离，也就是说更容易输出较高的扭矩。另外小行程决定了发动机缸体高度就会相对较小，因此重心较低；反之，大行程决定了发动机重心会较高。两者相比较特点如下（表 1-1）：

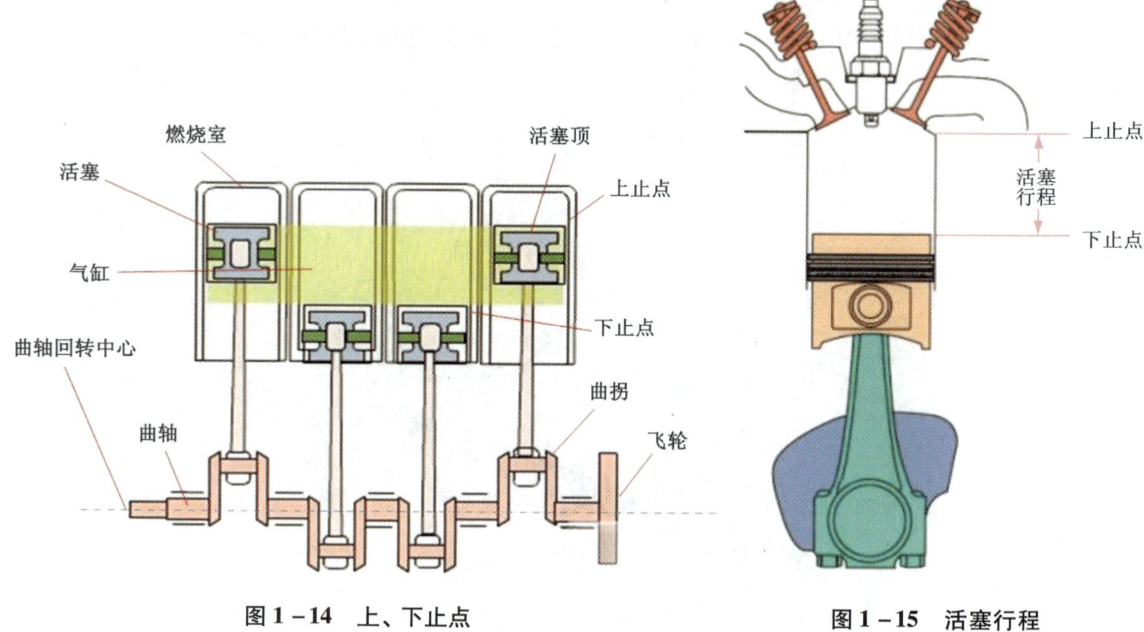

图 1－14　上、下止点　　　图 1－15　活塞行程

表 1－1　行程特点

行程	优点	缺点	举例车型
小行程	容易获得高转速，重心低	低速扭矩不足	卡罗拉 1.6 L 行程：78.5 mm 最大扭矩转速(r/min)：5200
大行程	更容易获得低速大扭矩输出	重心高， 不易达到高转速	高尔夫 1.6 L 行程：86.9 mm 最大扭矩转速(r/min)：3500

4. 气缸工作容积(V_h)

气缸工作容积是指活塞从上止点到下止点所扫过的容积，又称为单缸排量，它取决于缸径和活塞行程，如图 1－16 所示。

计算公式：$V_h = \frac{\pi}{4} D^2 S \times 10^{-6}$ (L)

D——气缸直径，单位 mm；

S——活塞行程，单位 mm。

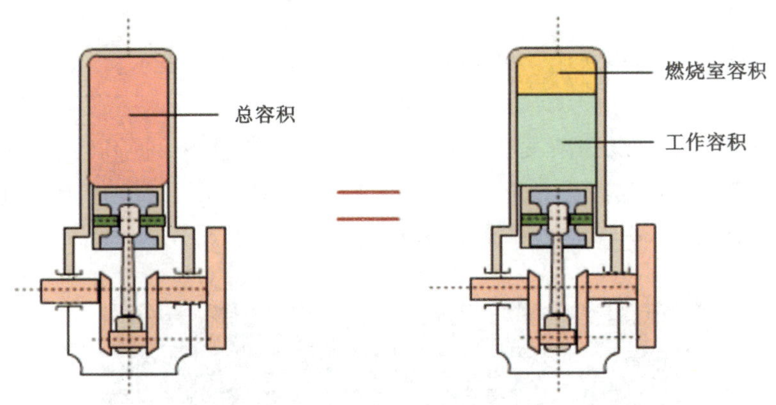

图 1-16 气缸工作容积

5. 燃烧室及燃烧室容积(V_c)

活塞位于上止点时，活塞顶部与气缸盖形成的空间称为燃烧室，其容积称为燃烧室容积，如图 1-16、图 1-17 所示。通常用符号 V_c 表示。

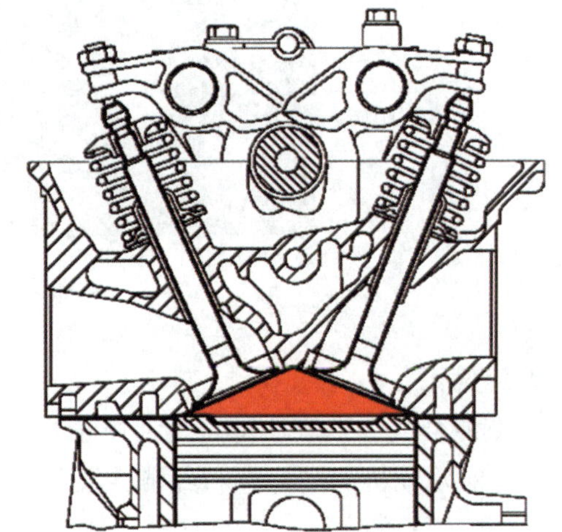

图 1-17 燃烧室容积

6. 气缸总容积(V_a)

活塞位于下止点时，活塞顶部上方的整个空间称为气缸总容积。通常用符号 V_a 表示。

$$V_a = V_h + V_c$$

7. 发动机工作容积(V_L)

发动机工作容积(Engine Displacement)简称排量，是发动机各缸工作容积的总和，单缸排量 V_h 和缸数 i 的乘积。

计算公式：$V_L = V_h \cdot i$

$$V_L = V_h \times i = \frac{\pi}{4} D^2 S \times 10^{-6} \times i(\text{L})$$

i——气缸数。

发动机排量一般用升(L)来表示。发动机排量是最重要的结构参数之一，它比缸径和缸数更能代表发动机的大小，发动机的许多指标都同排量密切相关。通常排量大，单位时间发动机所释放的能量(即将燃料燃烧的热能转化为机械能)大，也就是“动力性”好，所以越野车、跑车通常排量都相对较大。

汽车的排量一般为 1.5~4.0 L。每缸排量为 0.5 L，4 缸的排量为 2.0 L，如果 V 型排列的 6 气缸，那就是 V6 3.0 L。排量越大，进入气缸的可燃混合气或空气量就越多，发动机可输出的功率就越大。所以增加气缸数量或增加每个气缸工作容积可以获得更多的动力。

8. 压缩比(ε)

气缸总容积与燃烧室容积之比，称为压缩比。通常用符号 ε 表示。

$$\varepsilon = V_a : V_c$$

通常来说提高压缩比可以提高发动机的输出功率，节省燃料，提高转换效率，但过高的压缩比会产生严重的爆震，这将会影响到发动机的工作。通常汽油发动机的压缩比为 8 ~ 12，柴油发动机的压缩比可达 20 以上。压缩比形象表示如图 1 – 18 所示。

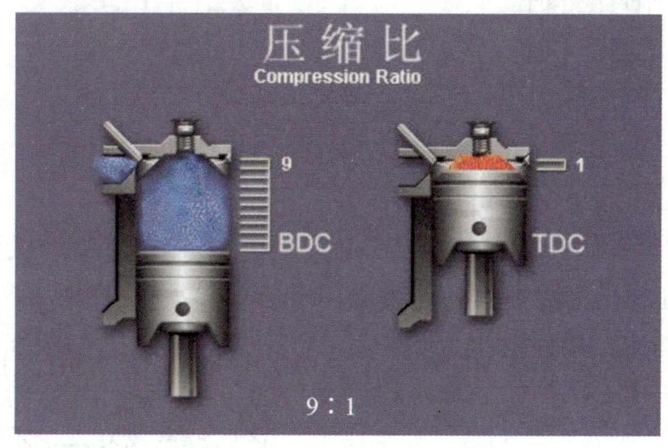

图 1 – 18　压缩比

9. 空燃比

可燃混合气中空气质量与燃油质量之比称为空燃比，空燃比是发动机运转时的一个重要参数，它对发动机的动力性和经济性及尾气排放都有很大的影响。理论上，1 kg 汽油完全燃烧需要 14.7 kg 的空气，这种空燃比被称为理论空燃比(14.7∶1)，这种比例的混合气完全燃烧后几乎不产生污染环境的有害气体。

10. 发动机有效功率

发动机有效功率是发动机机轴上所输出的净功率，即发动机扣除本身机械摩擦损失和带动其他辅助装置的外部损耗后向外有效输出的功率。

11. 升功率

升功率是从发动机有效功率的角度对气缸工作容积的利用率作出的总评价。升功率越高表明每升气缸工作容积发出的有效功率就越大，发动机经济性就越好。

12. 功率

夏天到了，要买一台空调，您当然会选择一台功率较大的空调，因为您知道空调的功率越大，制冷效果就越好。同样，汽车功率是指发动机做功的快慢，是一个用来比较及评估汽车发动机的参数。

功率用 P 来表示，单位为瓦特(W)或马力(Ps)。

单位换算：1 kW = 1.36 马力；1 马力 = 0.735 kW。

例如：大众(迈腾)EA888 系列发动机，1.8TSI 最大功率为 118 kW(5000 ~ 6200 rpm)也即 118 kW × 1.36 ≈ 160 马力。

瓦特是国际单位制的功率单位。1 瓦特的定义是 1 焦耳/秒(1 J/s)，即在 1 s 内，转换、使用或耗散的能量是 1 J。

马力这个术语是工程师詹姆斯·瓦特发明的。据说瓦特在煤矿工作时用马来拉煤，他想用一种方法来表示每匹马可提供的动力。他发现，一匹采矿的马平均一分钟内可以做 29.832 kN·m 的功。然后他增加了 50% 的数量，规定 1 马力的大小为 1 分钟内做 44.748 kN·m 的功，如图 1-19 所示，这里的马力是指英制马力。这是一个人为规定的测量单位，几个世纪以来沿用至今，现在的空调、割草机、链锯甚至有些真空吸尘器都还在使用这个单位。

图 1-19 马力

13. 扭矩

描述发动机的另一个重要参数是扭矩，扭矩以牛顿·米(N·m)为单位。您是否见过以前的老式蒸汽机车？想象一下，要拉动 10 节车厢，车头需要产生多大的功率？动力是怎么传输的？蒸汽机车的功率是通过连杆机构传输给多个带有杠杆臂的车轮，为车轮传输巨大的动力，也就是极高的扭矩，让机车开始移动。现在将这一原理应用到发动机上(图 1-20)：活塞动力(F)通过连杆(与蒸汽机车上的联接机构类似)转换为旋转运动。杠杆臂(L)对应曲轴的行程(类似于蒸汽机车上的车轮半径)。扭矩可以表述为做功行程中活塞通过连杆作用在曲轴上的推动力。

在汽车上，通常采用功率/扭矩曲线图来描述发动机的性能，如图 1-21 所示。

从图 1-21 可知，功率曲线在较低转速下数值很小，但随转速增加而迅速增长，但转速增加到一定区间后，功率(A)增长速度变缓，直至最大值后就会下降，尽管此时转速(C)仍会继续增长。扭矩(B)曲线随着转速升高而升高，达最大值后随转速上升而下降。

通俗说来，功率，表示单位时间内机器做功的能力；扭矩，则表示爆发力强不强，有没有“劲”(表 1-2)。

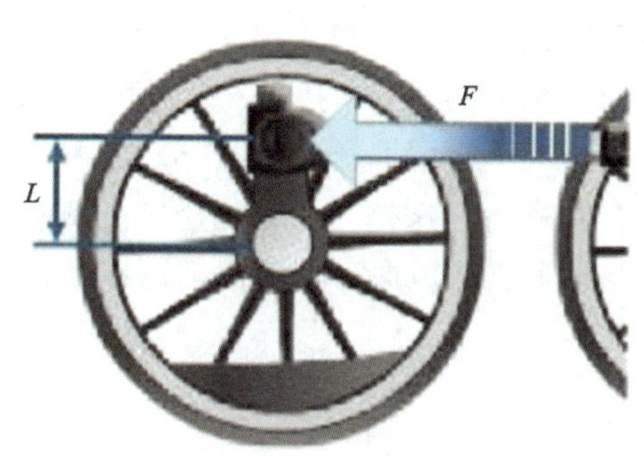

图 1－20 扭矩图

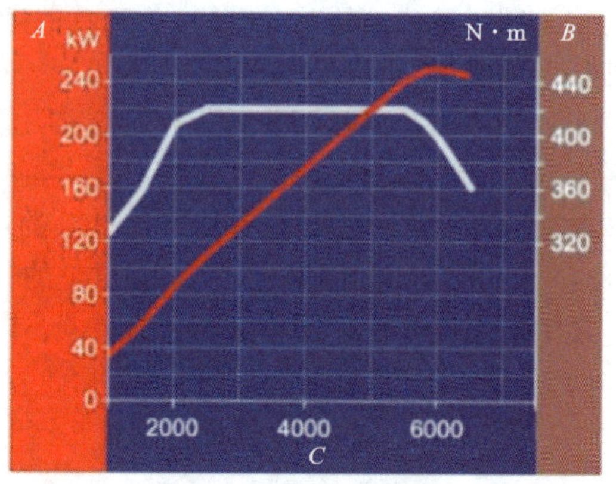

图 1－21 2006 款保时捷 Cayenne V8 发动机的功率/扭矩曲线图

表 1－2 扭矩/功率对比表

车型信息	雅阁2016款2.0L舒享版	凯美瑞2018款2.0E精英版
发动机型号	—	—
排量(mL)	1997	1998
排量(L)	2.0	2.0
最大马力(Ps)	155	167
最大功率(kW)	114	123
最大功率转速(rpm)	6500	6500
最大扭矩(N·m)	190	199

1.5 四冲程汽油发动机工作原理

当前几乎所有汽车都使用往复式内燃发动机，因为这种发动机具有以下优点：

- 相对高效(与外燃发动机相比)；
- 相对廉价(与燃气轮机相比)；
- 相对来说易于加注燃料(与电动汽车相比)。

这些优点使得其成为驱动汽车的首选技术。

四冲程汽油发动机工作过程依次为进气行程、压缩行程、做功行程和排气行程。

1. 进气行程(图 1－22)

发动机工作的第一步是进气行程，即向气缸内提供足够的新鲜空气和燃油。曲轴的旋转带动活塞从上止点向下止点运动，此时排气门关闭，进气门打开，进气行程开始。随着活塞下移，气缸容积增大，压力减小，气缸内产生真空吸力，可燃混合气通过进气门进入气缸，直至活塞运动到下止点。在进气终了时，气缸内的气体压力为 75～90 kPa。

2. 压缩行程(图 1－23)

当活塞从下止点开始向上止点运动时，进气门关闭，排气门依然处于关闭状态，因此气缸内空间被封闭，在活塞上行过程中，可燃混合气受到压缩，压力和温度不断升高，直至活塞到达上止点。压缩终了时，气缸内可燃混合气的压力可达 800～1500 kPa，温度可达 327℃以上。

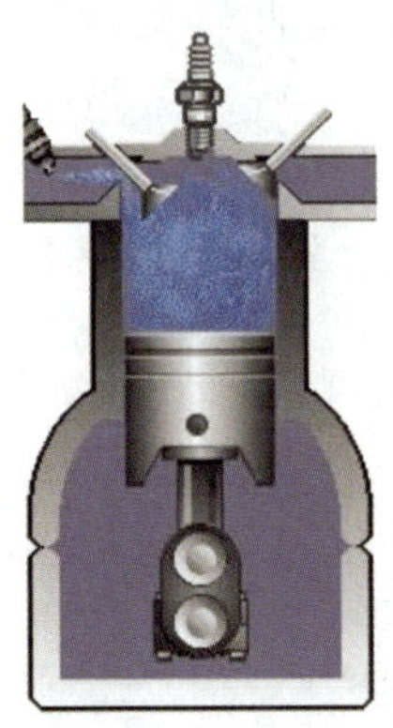

图 1－22　进气行程

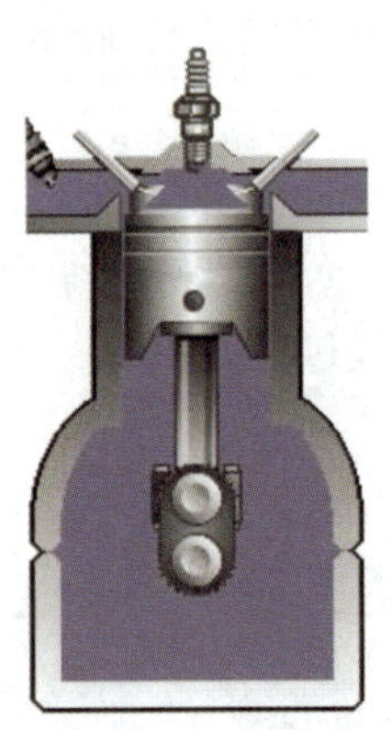

图 1－23　压缩行程

3. 做功行程(图 1－24)

在压缩接近终了，即活塞即将到达上止点时，进气门和排气门仍然保持关闭。火花塞产生电火花，点燃气缸内的可燃混合气，可燃混合气燃烧后的热量使气缸内气体温度和压力急剧升高，高温高压气体推动活塞从上止点向下止点运动，再通过连杆驱动曲轴旋转做功，并对外输出动力。活塞到达下止点时，做功行程结束。

4. 排气行程(图 1－25)

做功行程结束后，当活塞下行到下止点时，排气门开启，进气门依然关闭。在飞轮的作用下，曲轴继续旋转，活塞在曲轴的带动下由下止点向上止点运行。废气在气缸内部压力和活塞的驱赶作用下从排气门被强制排出气缸。至活塞运行到上止点时，排气门关闭，排气行程结束。排气行程结束后，进气门再次开启，发动机又开始下一个工作循环。如此周而复始，发动机就自行运转起来。

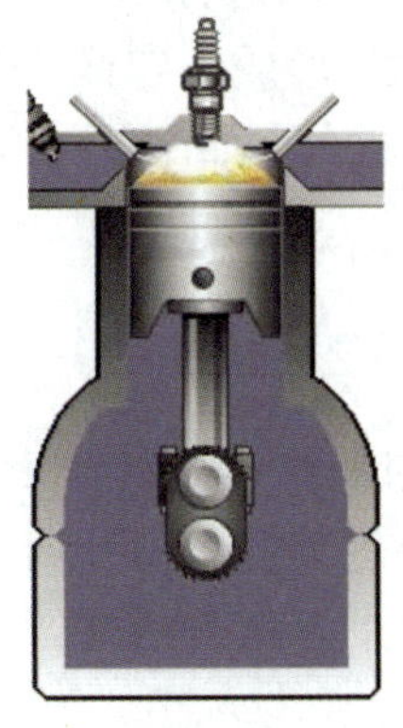

图 1－24　做功行程

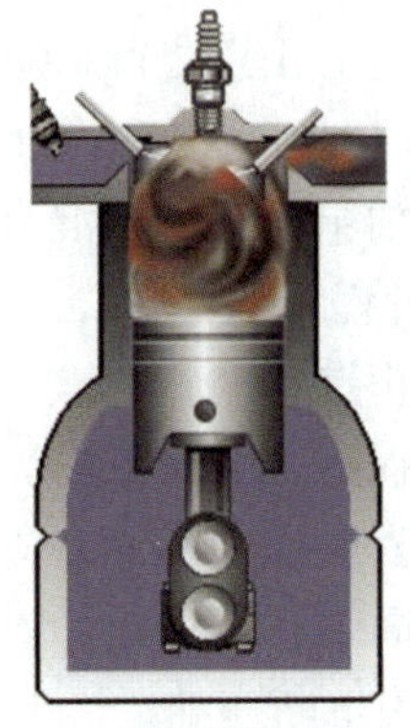

图 1－25　排气行程

1.6 二冲程发动机工作原理

1. 二冲程汽油机工作原理

二冲程发动机的工作循环是在活塞上下往复运动两个行程即曲轴旋转一圈(360°)的时间内完成的。

图1－26为曲轴箱换气式二冲程汽油机工作原理示意图，曲轴箱换气式二冲程汽油机不设进、排气门，而在气缸的下部开设进气孔、排气孔和扫气孔，并由活塞来控制三个孔的开闭，以实现换气过程。

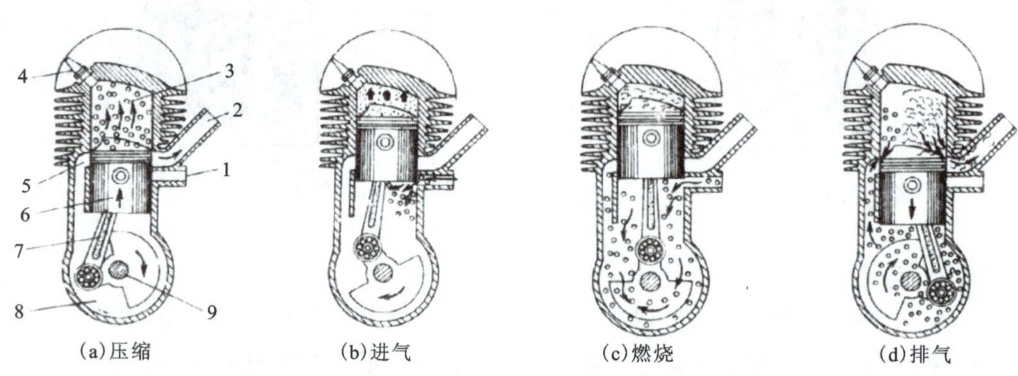

图1－26　二冲程汽油机工作原理示意图

1—进气孔；2—排气孔；3—气缸；4—火花塞；5—扫气孔；6—活塞；7—连杆；8—曲轴箱；9—曲轴

(1)第一行程

活塞在曲轴带动下由下止点移至上止点。

当活塞处于下止点时，进气孔被活塞关闭，排气孔和扫气孔开启。随着活塞向上止点运动，活塞头部首先将扫气孔关闭，扫气终止。但此时排气孔尚未关闭，仍有部分废气和可燃混合气经排气孔继续排出，称其为额外扫气。当活塞将排气孔也关闭之后，气缸内的可燃混合气开始被压缩，如图1－26(a)所示。直至活塞到达上止点，压缩过程结束。

在活塞到达上止点之前，随着活塞上移，曲轴箱容积增大，形成一定的真空，当活塞裙部将进气孔开启时，空气和汽油的混合物被吸入曲轴箱，开始进气，如图1－26(b)所示。空气和汽油在曲轴箱内进一步混合形成可燃混合气。

(2)第二行程

活塞由上止点移至下止点。

在压缩过程终了时，火花塞产生电火花，将气缸内的可燃混合气点燃，如图1－26(c)所示。燃烧气体膨胀做功。此时排气孔和扫气孔均被活塞关闭，进气孔仍然开启。

随着活塞向下止点运动，活塞裙部将进气孔关闭，进气结束。随着活塞继续向下止点移动，曲轴箱容积不断压缩。

此后，活塞头部先将排气孔开启，膨胀后的燃烧气体已成废气，经排气孔排出。至此做功过程结束，开始先期排气。随后活塞又将扫气孔开启，经过预压缩的可燃混合气从曲轴箱经扫气孔进入气缸，如图1－26(d)所示，扫除其中的废气，开始扫气过程。这一过程将持续到第一行程中扫气孔被关闭时为止。

2. 二冲程柴油机工作原理

图1－27所示为带扫气泵的气门－气孔式直流扫气二冲程柴油机工作原理示意图。

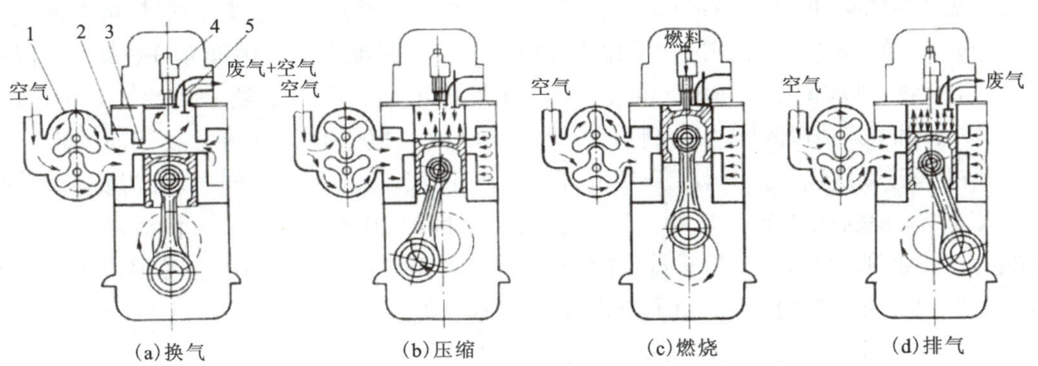

图1－27 二冲程柴油机工作原理示意图

1—扫气泵；2—空气室；3—进气孔；4—喷油器；5—排气门

(1)第一行程

活塞由下止点移至上止点。

当活塞处于下止点位置时，进气孔和排气门均已开启。扫气泵将纯空气增压到0.12～0.14 MPa后，经空气室和进气孔送入气缸，扫除其中的废气。废气经气缸顶部的排气门排出，如图1－27(a)所示。

当活塞上移将进气孔关闭的同时，排气门也关闭，进入气缸内的空气开始被压缩，如图1－27(b)所示，活塞运动至上止点，压缩过程结束。

(2)第二行程

活塞由上止点移至下止点。

当压缩过程终了时，高压柴油经喷油器喷入气缸，并自行着火燃烧，如图1－27(c)所示，高温高压的燃烧气体推动活塞做功。

当活塞下移到排气门开启，废气经排气门排出，如图1－27(d)所示。活塞继续下移，进气孔开启，来自扫气泵的空气经进气孔进入气缸进行扫气。扫气过程将持续到活塞上移时将进气孔关闭为止。

1.7 汽油机和柴油机的比较

1. 四冲程汽油机与柴油机的比较

汽油和柴油在蒸发性和流动性上的差别使得两种发动机的混合气形成方式不同。除了缸内汽油直接喷射的汽油机外，目前绝大部分汽油机的可燃混合气是在气缸外部形成的；而柴油机的可燃混合气是在气缸内部形成的。

两种发动机在可燃混合气着火方式上不同。汽油机的可燃混合气由电火花强制点火燃烧(点燃)，而柴油机的可燃混合气则在高温高压环境下自行着火燃烧(压燃)。

汽油机的压缩比受到汽油爆燃的限制，而柴油机压缩的是空气，压缩比比汽油机高，燃气膨胀充分，膨胀终了的气体温度较低，热量利用率高，所以柴油机燃油消耗相对较低。由于柴油机压缩比高，不仅造成起动困难，同时零件所受的机械负荷也大。与相同功率的汽油机相比，柴油机的体积大，质量重，制造和维修成本高，运转时振动和噪声较大。

由于柴油机的柴油与空气在气缸内混合的时间极短，通常需要比理论空气量多的过量空气，因此废气中的CO(一氧化碳)含量比汽油机低。由于柴油在气缸内能充分燃烧，所以总的HC(碳氢化合物)排放量比汽油机低得多，但柴油机的NO_x(氮氧化合物)和PM(颗粒)排放量较高。此外，由于柴油机的燃油经济性好，相应的CO_2(二氧化碳)排放量也比汽油机低。

汽油机具有质量轻、体积小、升功率高、噪声小、起动性能好、制造和维修成本低等特点，在汽车上、特别在轿车上得到广泛应用。自20世纪70年代以来，人们对环境污染和能源问题的日益重视，低油耗、低排放(主要指CO、HC和CO_2)的柴油机在各种货车和中型以上客车上得到越来越多的应用，并且在轿车上也有应用。

2. 二冲程与四冲程发动机的比较

二冲程发动机曲轴每转一周完成一个工作循环，做功一次。当曲轴转速相同时，二冲程发动机单位时间的做功次数是四冲程发动机的两倍，由于曲轴每转一周做功一次，因此曲轴旋转的角速度比较均匀。

二冲程发动机的换气过程时间短，仅为四冲程发动机的1/3左右。另外，进、排气过程几乎同时进行，利用新气扫除废气，新气可能流失，废气也不易清除干净。因此，二冲程发动机的换气质量较差。

曲轴箱换气式二冲程发动机因为没有进、排气门，而使结构大为简化。

1.8 发动机舱的检查(VR)

操作微课

VR操作

1. 准备工具和耗材

(1)车内、外防护件；

(2)手套；

(3)抹布。

2. 检查工作

(1)记录车辆信息(即：VIN码、生产日期、发动机型号、行驶里程等)；

(2)查找维修手册，记录相关信息；

(3)连接尾气排放管；

(4)做好车内防护，并降下左侧车窗，拉起发动机舱盖释放杆(下车时应当关好车门)；

(5)做好车外防护，并检查油液、蓄电池，即：方向助力液、机油、制动液、冷却液、玻璃清洗液液位，蓄电池电压，如图1-28至图1-33所示。

图 1-28　车外防护

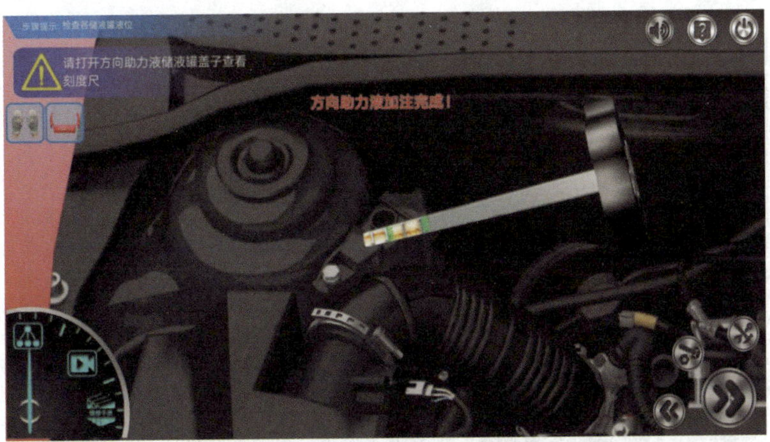

图 1-29　检查方向助力液

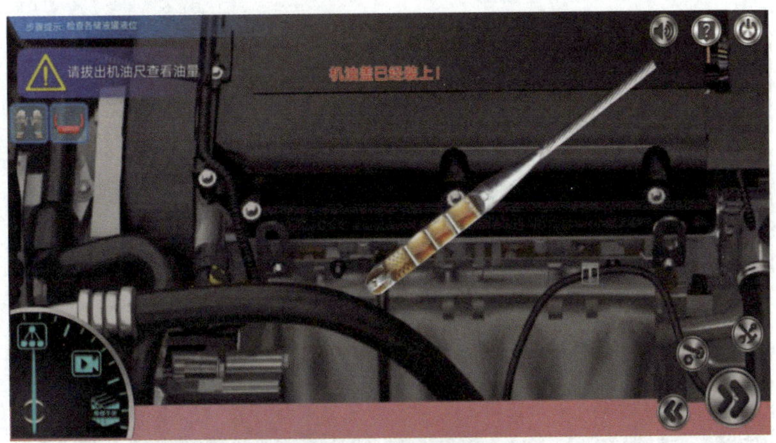

图 1-30　检查机油液位

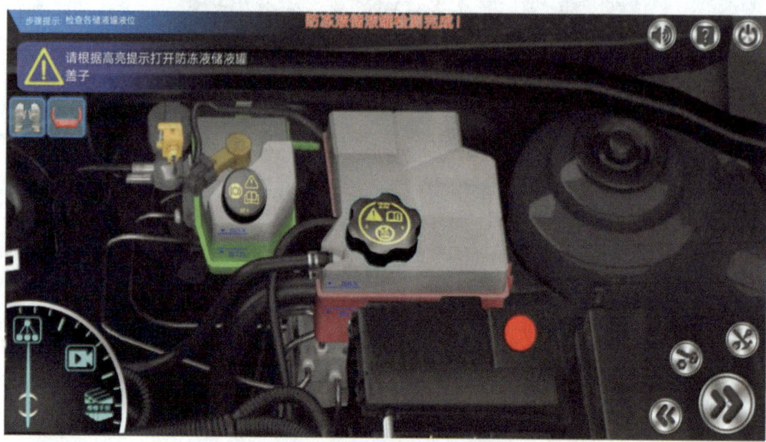

图 1-31　检查防冻液

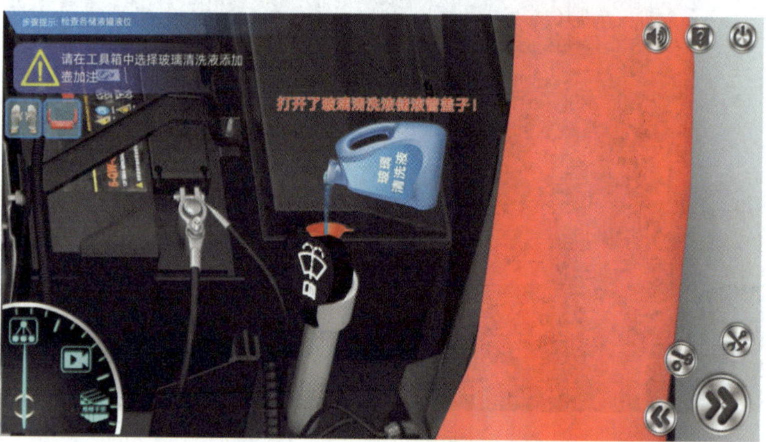

图 1-32　检查玻璃清洗液

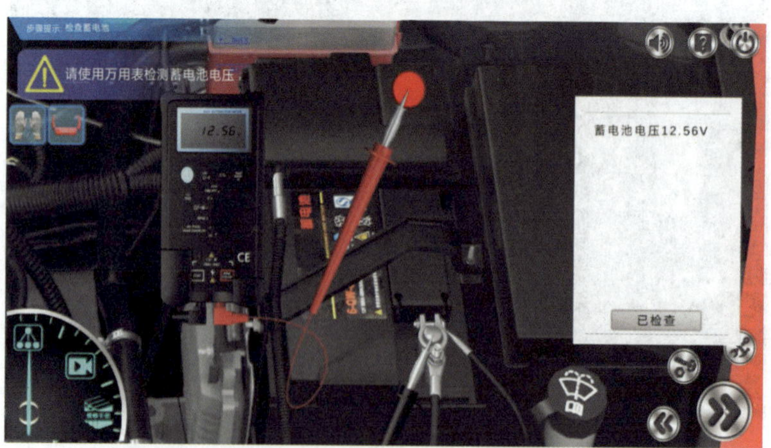

图 1-33　检查蓄电池电压

(6)检查保险盒、继电器以及各个连接管路是否有异常，如图1-34至图1-37所示。

图1-34　检查保险丝、继电器

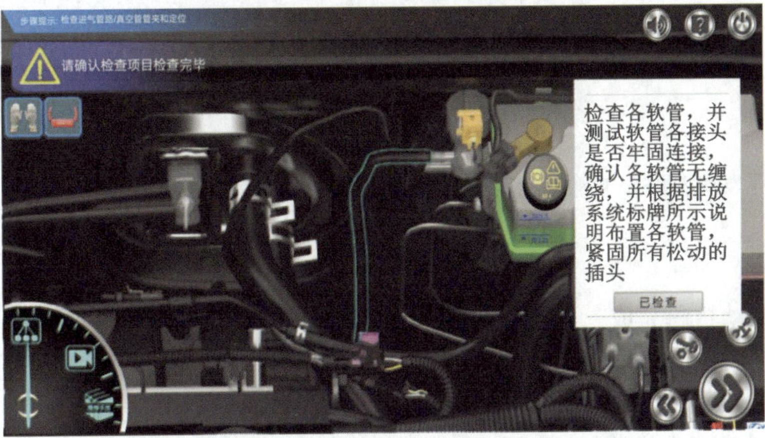

图1-35　检查各软管

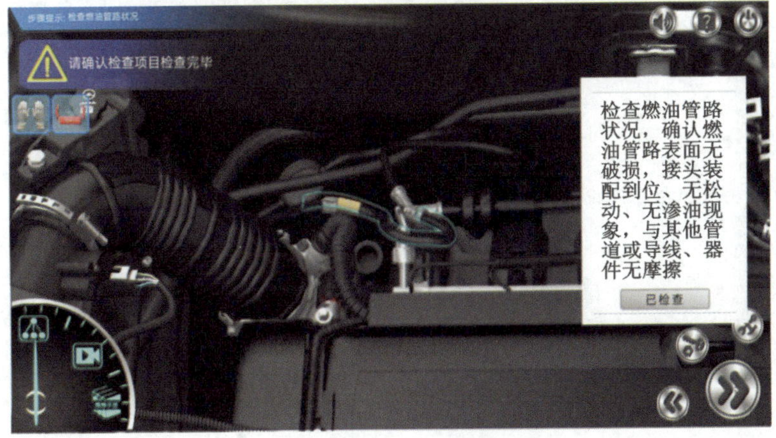

图1-36　检查燃油管路

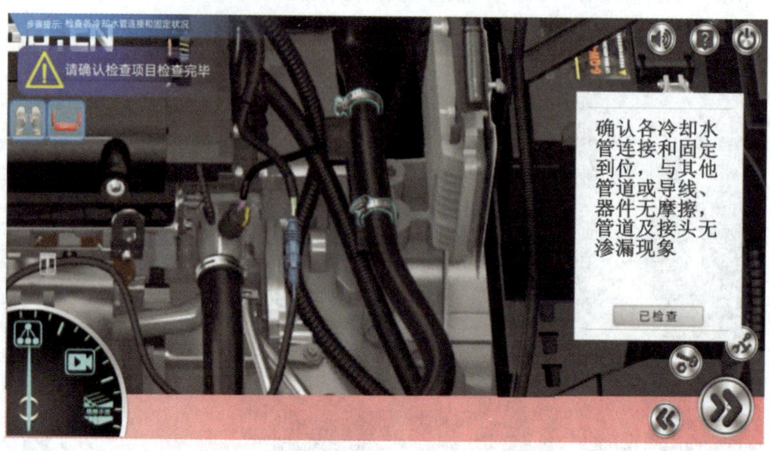

图1－37　检查冷却水管路

单元练习

选择题

1. 在四冲程发动机中，曲轴在整个进气行程中转过的角度是（　　）。

A. 180°　　B. 360°

C. 540°　　D. 720°

2. 四冲程发动机每完成一个工作循环曲轴旋转的角度是（　　）。

A. 180°　　B. 360°

C. 540°　　D. 720°

3. （多选）进气门和排气门同时关闭的行程是（　　）。

A. 进气行程　　B. 压缩行程

C. 做功行程　　D. 排气行程

4. 在四冲程发动机工作循环中，气缸内压力最大的行程是（　　）。

A. 进气行程　　B. 压缩行程

C. 做功行程　　D. 排气行程

5. 发动机中，将热能转变为机械能并对外输出动力的是（　　）。

A. 配气机构　　B. 燃油供给系统

C. 冷却系统　　D. 曲柄连杆机构

6. 活塞由上止点运动到下止点所扫过的容积称为（　　）。

A. 燃烧室容积　　B. 气缸工作容积

C. 发动机排量　　D. 气缸总容积

7. 关于发动机排量的说法，正确的是（　　）。

A. 发动机工作容积与燃烧室容积之和

B. 发动机各燃烧室容积之和

C. 发动机各气缸工作容积之和

D. 气缸吸入的气体体积

8. (多选)发动机润滑系统的作用包括(　　)。

A. 冷却　　B. 清洁　　C. 密封　　D. 防锈

2　曲柄连杆机构

学习目标

- 熟悉曲柄连杆机构的作用、组成及工作原理。
- 熟悉机体组的组成及作用。
- 熟悉活塞连杆组的组成及作用。
- 熟悉曲轴飞轮组的组成及作用。

2.1　曲柄连杆机构的作用、组成及工作原理

1. 作用

曲柄连杆机构是往复活塞式内燃机将热能转变为机械能的主要机构。其功用是把燃气作用在活塞顶面上的压力转变为曲轴的转矩，向外输出动力。

2. 组成

曲柄连杆机构由机体组、活塞连杆组和曲轴飞轮组组成。机体组主要包括气缸体、曲轴箱、气缸盖、气缸盖罩、气缸垫及油底壳等；活塞连杆组主要包括活塞、活塞环、活塞销和连杆等；曲轴飞轮组主要由曲轴、飞轮、扭转减振器等组成。

3. 工作原理

发动机工作过程中，燃料燃烧产生的气体压力直接作用在活塞顶上，推动活塞做往复直线运动，经活塞销、连杆，传递给曲轴，使曲轴旋转。

2.2　机体组

机体组是发动机的支架，是两大机构和六大系统主要零部件的装配基体。气缸盖用来封闭气缸顶部，与活塞顶和气缸壁一起形成燃烧室。气缸盖和机体内的水套、油道以及油底壳又分别是冷却系统和润滑系统的组成部分。

发动机机体组主要包括气缸盖罩、气缸盖、气缸体和油底壳等，在以上元件结合面都有密封垫片，如图 2－1 所示。

2.2.1 气缸盖罩

1. 作用

气缸盖罩封闭气缸盖上平面，主要用来密封气缸盖及配气机构等零部件，防止灰尘污染机油或灰尘进入加快气门传动机构的磨损及润滑油的泄漏，如图 2－2 所示。

2. 工作条件

中温、中压。

3. 材料

塑料、钢板、铝合金。

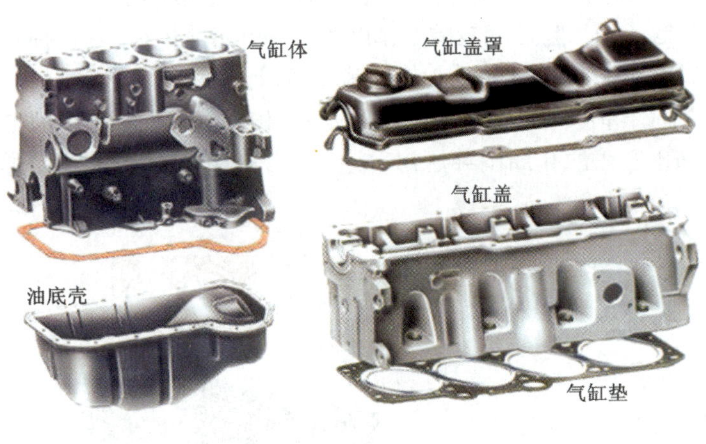

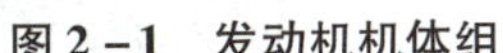
图 2－1 发动机机体组

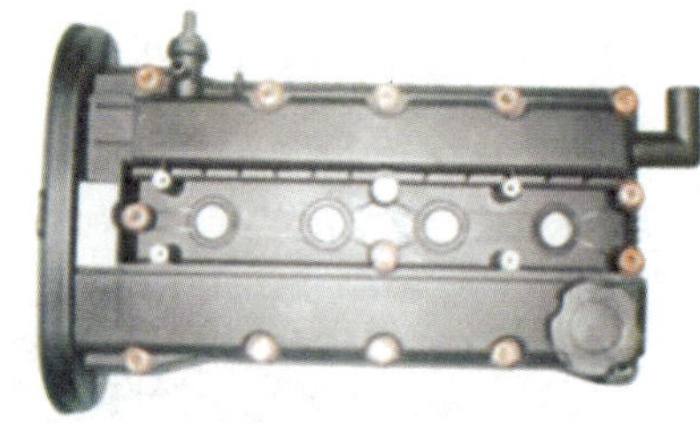
图 2－2 气缸盖罩

2.2.2 气缸盖

1. 作用

气缸盖主要用来封闭气缸上部，构成燃烧室，并作为凸轮轴和摇臂轴以及进排气歧管的支承。发动机运行时，由于气缸盖承受燃烧室内混合气体燃烧时产生的高温和气门开闭时产生的振动，因此气缸盖一般采用铝合金或铸铁等耐高温、耐磨损的材料来提高其强度和刚度。

2. 气缸盖结构

气缸盖一般由优质铸铁或铝合金材料铸造，现在越来越多的发动机采用铝合金气缸盖，因其具有质量轻、易浇铸、散热好等特点。气缸盖是气门机构的安装基体，与气缸及活塞顶部组成燃烧室。气缸盖上端面与气缸盖罩相接合，下端面通过气缸衬垫与气缸体上端面连接，并由气缸盖螺栓固定。气缸盖的上部钻有火花塞安装孔、喷油器安装孔，侧面铸有进排气通道孔，内部还加工有气门导管及冷却液通道。若凸轮轴安装在气缸盖上，则气缸盖上还加工有凸轮轴轴承孔或凸轮轴轴承座及其润滑油道。气缸盖如图 2－3 所示。

2.2.3 气缸垫

1. 作用

气缸盖与气缸体之间置有气缸盖衬垫，简称气缸垫，如图2－4所示。其功用是填补缸体与缸盖结合面上的微观孔隙，保证结合面处有良好的密封性，进而保证燃烧室的密封，防止气缸漏气和水套漏水。

2. 结构特点

气缸垫上面一般标有朝向标记，安装气缸垫时保证有标记的一面朝上。目前应用较多的有以下几种缸垫，一种是金属－石棉缸垫，石棉中间夹有金属丝或金属屑，且外覆铜皮或钢皮。水孔和燃烧室周围另用镶边增强，以防被高温燃气烧坏，这种缸垫压紧厚度为1.2～2 mm，有很好的弹性和耐热性，能重复使用，但强度较差，厚度和质量也不均匀。另一种缸垫采用实心金属片制成，这种缸垫多用在强化发动机上，轿车和赛车上较多采用这种缸垫。这种缸垫由单块光整冷轧低碳钢板制成，很多强化的汽车发动机采用实心的金属片作为缸垫。这种缸垫在需要密封的气缸孔和水孔、油孔周围冲压出一定高度的凸纹，利用凸纹的弹性变形实现密封。

图2－3 气缸盖

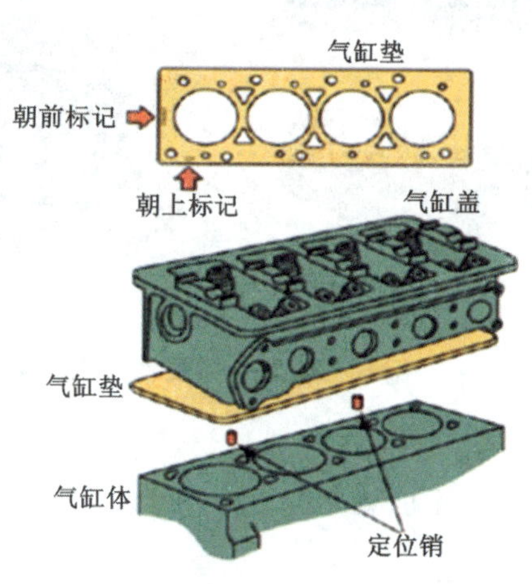

图2－4 气缸垫

2.2.4 气缸体

1. 作用

水冷式发动机的气缸体和上曲轴箱常铸成一体，统称为气缸体。气缸体上半部有若干个为活塞在其中运动导向的圆柱形空腔，称为气缸。下半部为支承曲轴的曲轴箱，其内腔为曲轴运动的空间。作为发动机各个机构和系统的装配基体，还要承受高温高压气体的作用力及活塞在其中做高速往复运动，因而要求气缸体应具有足够的刚度和强度。

2. 结构特点

气缸内表面受高温高压燃气作用，并与高速运动的活塞有相对滑动，极易磨损。为提高缸筒耐磨性，延长其使用寿命，在气缸结构和缸筒表面处理上要采取措施。

气缸体上部的圆柱形空腔称为气缸，下半部为支承曲轴的曲轴箱，其内腔为曲轴运动的空间；在气缸体内部铸有许多加强筋、冷却水套和润滑油道等，如图2－5所示。

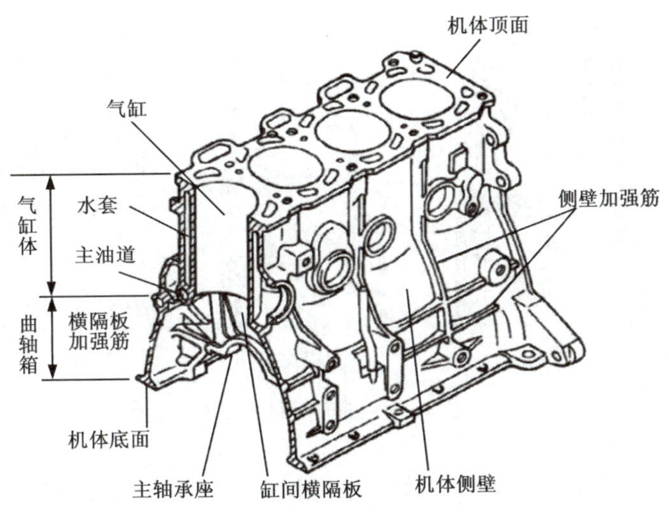

图 2-5 气缸体

3. 气缸套结构形式

气缸套内表面由于受高温高压燃气的作用并与高速运动的活塞(环)接触而极易磨损。可通过采取不同的气缸套结构形式和表面处理方法，来选择气缸套内表面的耐磨性及其使用寿命。常见气缸套的结构形式有三种:无气缸套式、干气缸套式、湿气缸套式，如图 2-6 所示。

无气缸套式，即在气缸体上直接加工出气缸(套)，不镶嵌任何气缸套到气缸体上。优点是可以缩短各缸之间的中心距，使气缸体尺寸和质量减小，但成本较高。

干式气缸套不与冷却液接触，壁厚为 1~3 mm，外表面和气缸套座孔内表面均须精加工，以保证必要的装配精度和便于拆装。优点是气缸体刚度大，各缸中心距小，质量轻。缺点是加工工艺较为复杂，导热较差，温度分布不均匀，容易发生局部变形。

湿式气缸套外壁与冷却液直接接触，壁厚 5~9 mm，利用上下定位环带实现径向定位，轴向定位靠气缸套上部凸缘与气缸体顶部相应的支承面配合实现。湿式气缸套的优点是机体上没有密封水套，容易铸造，导热好，温度分布比较均匀，修理方便，不必将发动机从汽车上拆下就可更换气缸套。缺点是气缸体刚度差，容易漏水。

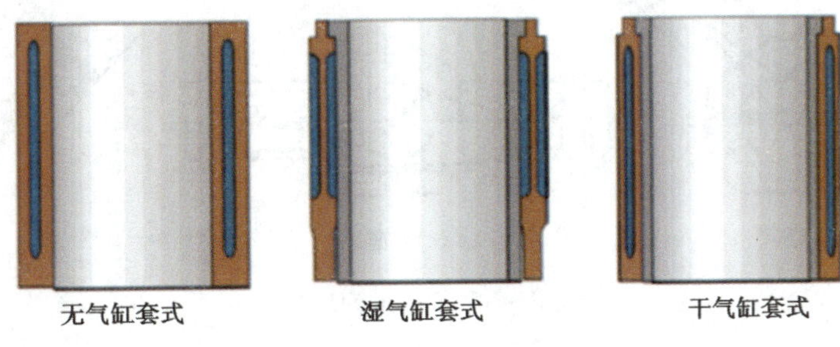

图 2-6 气缸套结构形式

4. 曲轴箱结构形式

按曲轴箱结构形式的不同机体有一般式、龙门式和隧道式 3 种，如图 2-7 所示。

(1)一般式(平分式)

底面与曲轴轴线基本齐平，差 3~4 mm 的制口。机体高度小，重量轻，结构紧凑，便于

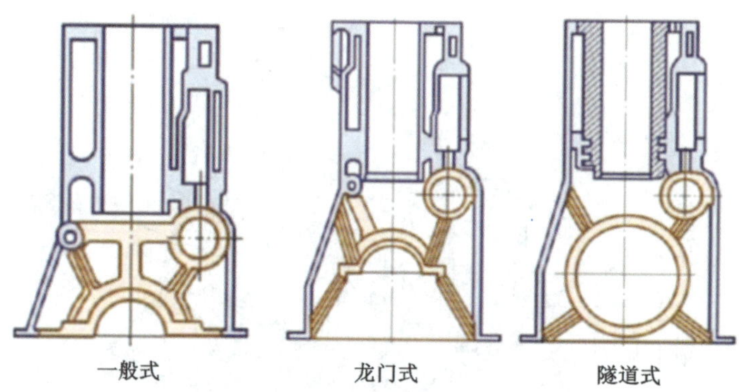

图 2-7　曲轴箱结构形式

加工，曲轴拆装方便。与油底壳密封不好，刚度和强度较差。主要应用于中小型发动机。

（2）龙门式

龙门式机体是指底平面下沉到曲轴轴线以下的机体。机体底平面到曲轴轴线的距离称作龙门高度。龙门式机体由于高度增加，其弯曲刚度和扭转刚度均比一般式机体有显著提高。机体底平面与油底壳之间的密封也比较简单。

（3）隧道式

隧道式机体是指主轴承孔不剖分的机体结构。这种机体配以窄型滚动轴承可以缩短机体长度。隧道式机体的刚度大，主轴承孔的同轴度好，但是由于大直径滚动轴承的圆周速度不能很大，而且滚动轴承价格较贵，因此限制了隧道式机体在高速发动机上的应用。

5. 气缸排列形式

对于多缸发动机，气缸的排列形式决定了发动机的外形尺寸和结构特点，对发动机机体的刚度和强度也有影响，并关系到汽车的总体布置。按照气缸排列方式的不同，气缸体还可以分成直列式、V 型、对置式及 W 型四种，如图 2-8 所示。

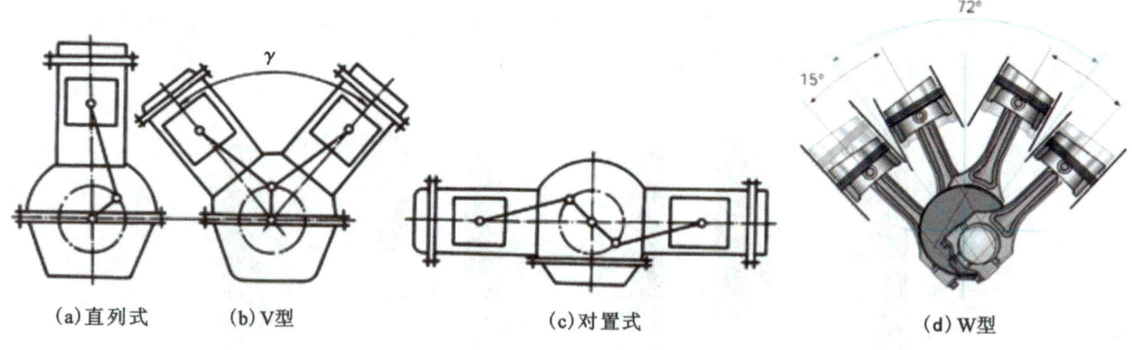

图 2-8　气缸排列形式

（1）直列式气缸排列

如图 2-8(a)所示，发动机各气缸排成一直列称为直列式气缸排列，一般是垂直布置的。其特点是结构简单，加工容易，但发动机长度和高度较大。通常把采用直列式气缸排列的发动机称为直列式发动机。一般多用于排量在 2.0 L 以下的发动机。

(2) V 型气缸排列

如图 2-8(b)所示，发动机气缸排成两列，左右两列气缸中心线的夹角 $\gamma<180°$，称为 V 型气缸排列。V 型气缸体与直列式气缸体相比，缩短了机体长度和高度，增加了气缸体的刚度，减轻了发动机的重量，但加大了发动机的宽度，且形状较复杂，加工困难。采用 V 型气缸排列的发动机称为 V 型发动机，目前有 V4、V6、V8、V10、V12 及 V16 等机型。

(3) 对置式气缸排列

如图 2-8(c)所示，发动机气缸排成两列，左右两列气缸在同一水平面上，即左右两列气缸中心线的夹角 $\gamma=180°$。它的特点是高度小，重心低，总体布置方便，平衡性好，有利于风冷。

(4) W 型气缸排列

W 型发动机是德国大众专属发动机技术。实际上，W 型发动机的气缸排列形式是由两个小 V 型发动机组成的，如图 2-8(d)所示。严格说来 W 型发动机属 V 型发动机的变种。

2.2.5 油底壳

油底壳受力很小，一般采用薄钢板冲压而成，其形状取决于发动机的总体布置和润滑油的容量。油底壳能散去部分机油热量，内装有稳油挡板，以防止汽车颠簸时油面波动过大。油底壳底部装有放油螺塞，通常铁质的放油螺塞带磁性，以吸附润滑油中的金属屑，减少发动机的磨损。一般油底壳与上曲轴箱接合面之间装有密封垫，防止润滑油泄漏。油底壳结构如图 2-9 所示。

2.3 活塞连杆组

活塞连杆组将活塞的往复运动变为曲轴的旋转运动，同时将作用于活塞上的力传给曲轴对外输出转矩，以驱动汽车车轮转动。它是发动机的传动件，它把燃烧气体的压力传给曲轴，使曲轴旋转并输出动力。

活塞连杆组由活塞、活塞环、活塞销、连杆、连杆轴瓦等组成，如图 2-10 所示。

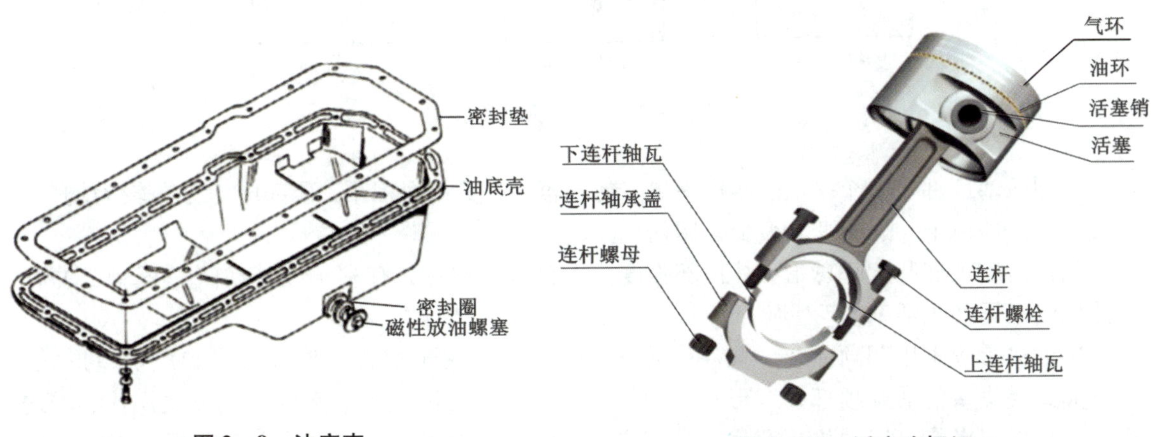

图 2-9 油底壳

图 2-10 活塞连杆组

2.3.1 活塞

1. 作用

活塞的作用是与气缸盖、气缸壁等共同组成燃烧室，并承受气缸中气体压力，通过活塞销将作用力传给连杆，以推动曲轴旋转。

由于活塞顶部直接与高温燃气接触，受周期性变化的气体压力和惯性力的作用，且散热及润滑条件差，因此要求活塞具有足够的强度和刚度，以免活塞环被击碎；活塞要具有良好的导热性和极小的膨胀性，以保持较小的安装间隙；活塞质量要小，以保持较小的惯性力；活塞与气缸壁间要有较小的摩擦因数。

活塞是发动机中工作条件最严酷的零件。作用在活塞上的有气体力和往复惯性力。活塞顶与高温燃气直接接触，使活塞顶的温度很高。活塞在侧压力的作用下沿气缸壁面高速滑动，由于润滑条件差，因此摩擦损失大，磨损严重。

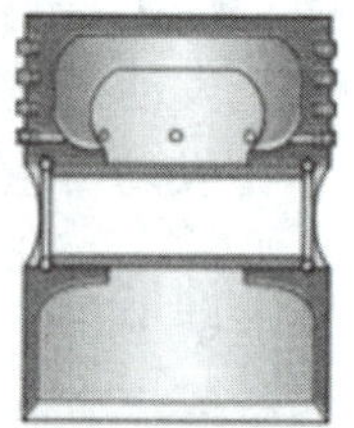

图 2-11 活塞

2. 组成

活塞是由活塞顶部、活塞头部和活塞裙部组成的，如图 2-11 所示。

(1)活塞顶部

活塞顶部是燃烧室的组成部分，其形状取决于燃烧室的形式。常见的活塞顶部形状有平顶式、凹顶式和凸顶式，如图 2-12 所示。

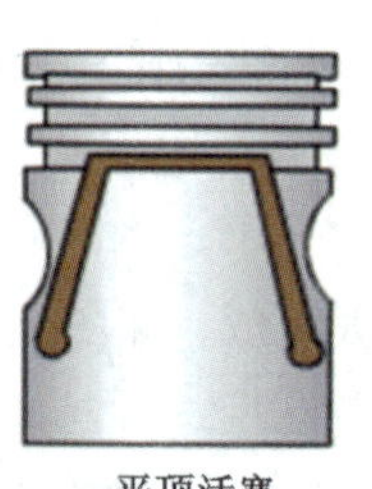

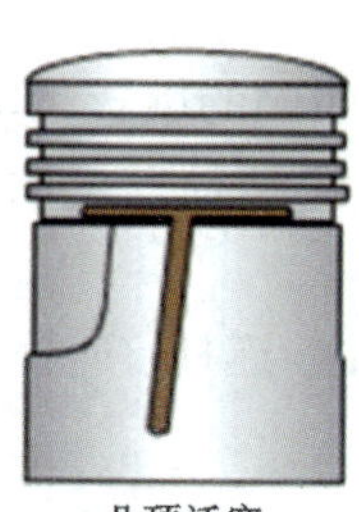

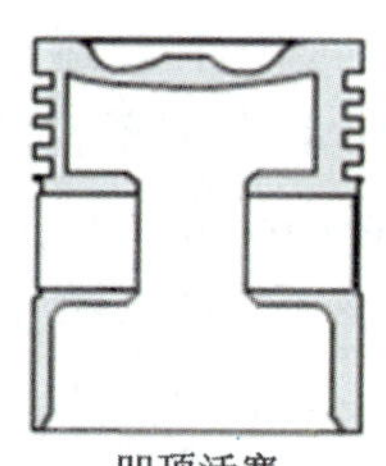

图 2-12 活塞顶部形状

平顶活塞顶部是一个平面，结构简单，制造容易，受热面积小，顶部应力分布较为均匀，一般用在汽油机上，柴油机上很少采用。

凸顶活塞顶部凸起呈球形，其顶部强度高，起导向作用，有利于改善换气过程。二冲程汽油机常采用凸顶活塞。

柴油机一般采用凹顶活塞。柴油机活塞顶部形状取决于混合气形成方式和燃烧室形状。在分隔式燃烧室的活塞顶部设有形状不同的浅凹坑，以便在主燃烧室内形成二次涡流，增进混合气形成与燃烧。柴油机还有另一类燃烧室，称为直喷式燃烧室。其全部容积都集中在气缸内，且在活塞顶部设有深浅不一、形状各异的燃烧室凹坑。在直喷式燃烧室的柴油机中，喷油器将燃油直接喷入燃烧室凹坑内，使其与运动气流相混合，形成可燃混合气并燃烧。

(2)活塞头部

活塞头部主要有活塞环槽。活塞环安装在活塞环槽内。汽油机一般有2~3道环槽，上面1~2道用来安装气环，实现气缸的密封；最下面的一道安装油环。在油环槽底面上钻有许多径向回油孔，当活塞向下运动时，油环把气缸壁上多余的机油刮下来经回油孔流回油底壳。若温度过高，第一道环容易产生积碳，出现过热卡死现象。活塞环槽的磨损是影响活塞使用寿命的重要因素。在强化程度较高的发动机中，第一道环槽温度较高，磨损严重。为了增强环槽的耐磨性，通常在第一道环槽或第一、二道环槽处镶嵌耐热护圈。在高强化直喷式燃烧室柴油机中，在第一道环槽和燃烧室喉口处均镶嵌耐热护圈，以保护喉口不致因为过热而开裂。

(3)活塞裙部

活塞头部以下的部分为活塞裙部。裙部的形状应该保证活塞在气缸内得到良好的导向，气缸与活塞之间在任何工况下都应保持均匀的、适宜的间隙。间隙过大，活塞敲缸；间隙过小，活塞可能被气缸卡住。此外，裙部应有足够的实际承压面积，以承受侧向力。活塞裙部承受膨胀侧向力的一面称主推力面，承受压缩侧向力的一面称次推力面，如图2-13所示。

3. 活塞的冷却

高强化发动机尤其是活塞顶上有燃烧室凹坑的柴油机，为了减轻活塞顶部和头部的热负荷而采用油冷活塞，如图2-14所示。用机油冷却活塞的方法有：

(1)自由喷射冷却法。从连杆小头上的喷油孔或从安装在机体上的喷油嘴向活塞顶内壁喷射机油。

(2)振荡冷却法。从连杆小头上的喷油孔将机油喷入活塞内壁的环形油槽中，由于活塞的运动使机油在槽中产生振荡而冷却活塞。

(3)强制冷却法。在活塞头部铸出冷却油道或铸入冷却油管，使机油在其中强制流动以冷却活塞。强制冷却法广为增压发动机所采用。

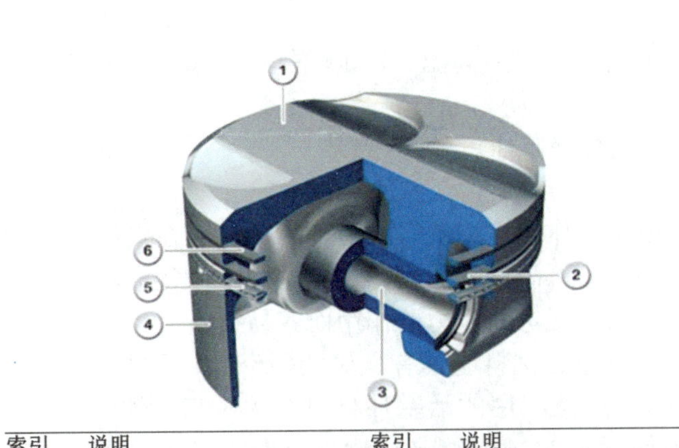

索引	说明	索引	说明
1	活塞顶	4	活塞裙
2	气环	5	刮油环
3	活塞销	6	气环

图2-13 活塞裙部

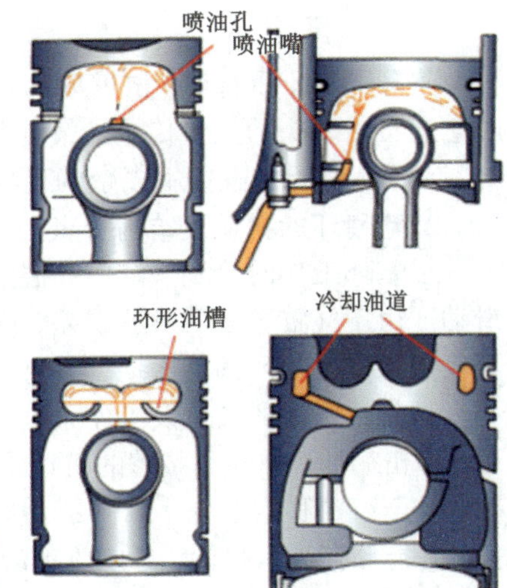

图2-14 活塞的冷却

4. 活塞的表面处理

根据不同的目的和要求，进行不同的活塞表面处理，其方法有：

(1)活塞顶进行硬膜阳极氧化处理，形成高硬度的耐热层，增大热阻，减少活塞顶部的吸热量。

(2)活塞裙部镀锡或镀锌，可以避免在润滑不良的情况下运转时出现拉缸现象，也可以起到加速活塞与气缸的磨合作用。

(3)在活塞裙部涂覆石墨，石墨涂层可以加速磨合过程，可使裙部磨损均匀，在润滑不良的情况下可以避免拉缸。

2.3.2 活塞环

1. 作用

活塞环包括气环(或压缩环)和油环两种，如图 2－15 所示。

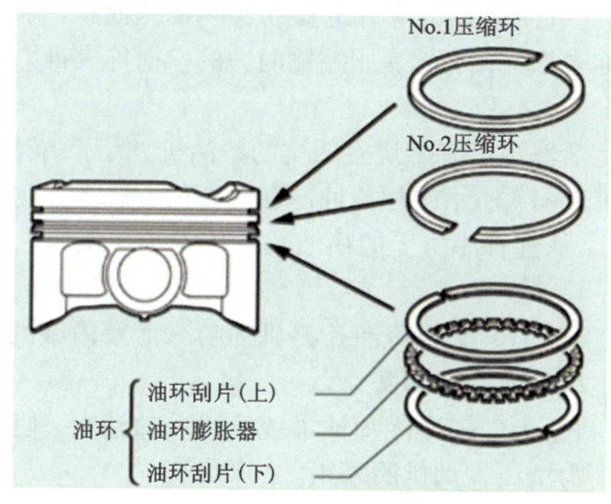

图 2－15 活塞环

气环：保证活塞与气缸壁间的密封，防止气缸中的高温、高压燃气大量漏入曲轴箱，同时它还将活塞头的热量传导给气缸壁。

油环：刮除气缸壁上多余的机油，并在气缸壁布油。

2. 活塞环的材料及结构特点

活塞环工作时受到气缸中高温、高压燃气的作用，并在润滑不良的条件下在气缸内高速滑动。由于气缸壁面的形状误差，使活塞环在上下滑动的同时还在环槽内产生径向移动。这不仅加重了环与环槽的磨损，还使活塞环受到交变弯曲应力的作用而容易折断。

根据活塞环的功用及工作条件，制造活塞环的材料应具有良好的耐磨性、导热性、耐热性、冲击韧性、弹性和足够的机械强度。目前广泛应用的活塞环材料有优质灰铸铁、球墨铸铁、合金铸铁和钢带等。第一道活塞环外圆面通常进行镀铬或喷钼处理。多孔性铬层硬度高，并能储存少量机油，可以改善润滑、减轻磨损。钼的熔点高，也具有多孔性，因此喷钼同样可以提高活塞环的耐磨性。

(1)气环

气环常见的断面形状及结构特点如表 2－1 所示。

表 2 – 1　气环的类型

形状	特点	示意图
矩形环	结构简单、制造方便、易于生产、应用面广；磨合性差，有“泵油作用”（桑塔纳JV第一道）	
扭曲环	断面不对称，受力不平衡，活塞环扭曲，消除“泵油作用”。做功行程同矩形环。内圆上边或外圆下边切掉为正扭曲环；内圆下边切掉为反扭曲环（捷达EA827、切诺基2.4、依维柯第一、二道）	
锥面环	减少了环与汽缸壁的接触面，提高了表面接触压力，有利于磨合和密封。传热性差，不作第一道环。记号向上（TJ376、富康TU第二道）	
梯形环	抗黏结性好，经常用作柴油机（奔驰）第一道气环	
桶面环	外为凸圆弧形，密封性、磨合性、适应性好，减轻磨损（CA488、TJ376、富康TU第一道）	

(2)油环

油环分为普通油环和组合油环两种，无论活塞上行或下行，油环都能将气缸壁上多余的润滑油刮下来，经活塞上的回油孔流回油底壳。

①普通油环：一般由合金铸铁制造，其断面与矩形气环相似。为增强刮油效果，提高对缸壁的压力，在其外圆上切有环形槽，槽底开有若干回油用的小孔或狭缝。普通油环结构简单、造价低，但刮油效果差、寿命短。

②组合油环：由上、下刮片和产生径向、轴向弹力作用的衬簧组成。主要优点为刮油能力强，对缸套变形的适应性好，回油通路大。因此，组合油环的应用日益增多，如图 2 – 16 所示。

图 2 – 16　组合油环

2.3.3　活塞销

1. 作用

活塞销用来连接活塞和连杆，并将活塞承受的力传给连杆或相反传送。活塞销在高温条件下承受很大的周期性冲击负荷，且由于活塞销在销孔内摆动角度不大，难以形成润滑油膜，因此润滑条件较差。为此活塞销必须有足够的刚度、强度和耐磨性，质量尽可能小，销与销孔应该有适当的配合间隙和良好的表面质量。在一般情况下，活塞销的刚度尤为重要，如果活塞销发生弯曲变形，可能使活塞销座损坏。

2. 活塞销材料及结构特点

活塞销的材料一般为低碳钢或低碳合金钢，如 20、20Mn、15Cr、20Cr 或 20MnV 等。外表面渗碳淬硬，再经精磨和抛光等精加工。这样既提高了表面硬度和耐磨性，又保证有较高的强度和冲击韧性。活塞销的结构形状很简单，基本上是一个厚壁空心圆柱，如图 2－17 所示。其内孔形状有圆柱形、两段截锥形和组合形。圆柱形孔加工容易，但活塞销的质量较大；两段截锥形孔的活塞销质量较小，且因为活塞销所受的弯矩在其中部最大，所以接近于等强度梁，但锥孔加工较难。

活塞销与活塞销座孔和连杆小头衬套孔的连接采用全浮式和半浮式连接，如图 2－18 所示。

全浮式：活塞销可以在孔内自由转动。

半浮式：销与连杆小头之间为过盈配合，工作中不发生相对转动；销与活塞销座孔之间为间隙配合。

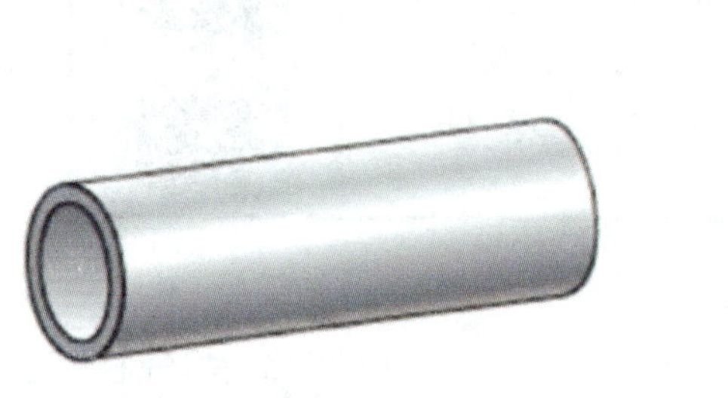

图 2－17　活塞销

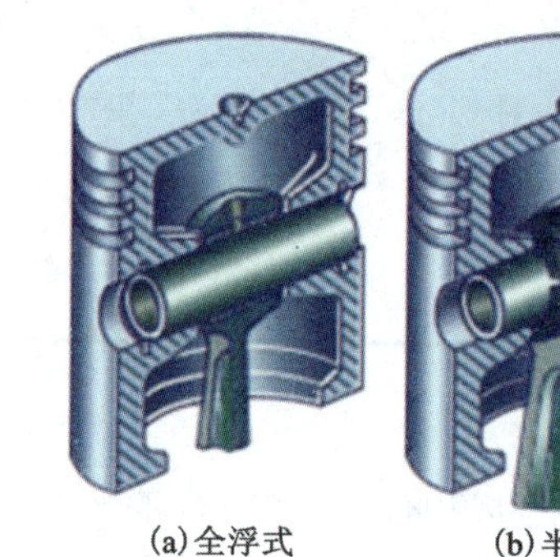

图 2－18　活塞销类型

2.3.4　连杆

1. 作用

连杆的作用是将活塞承受的力传给曲轴，并将活塞的往复运动转变为曲轴的旋转运动。连杆小头与活塞销连接，同活塞一起做往复运动；连杆大头与曲柄销连接，同曲轴一起做旋转运动，因此在发动机工作时连杆做复杂的平面运动。

2. 连杆的连接

连杆主要受压缩、拉伸和弯曲等交变负荷。最大压缩载荷出现在做功行程上止点附近，最大拉伸载荷出现在进气行程上止点附近。在压缩载荷和连杆组做平面运动时产生的横向惯性力的共同作用下，连杆可能发生弯曲变形。连杆结构示意图如图 2－19 所示。

（1）小头：用来安装活塞销，以连接活塞。

（2）杆身：常做成“工”字形断面。

（3）大头：与曲轴的连杆轴颈相连。大头一般做成分开式，即连杆大头和连杆盖。

平切口连杆利用连杆螺栓上一段精密加工的圆柱面与精密加工的螺栓孔来实现连杆盖的定位[图 2－20(a)]。

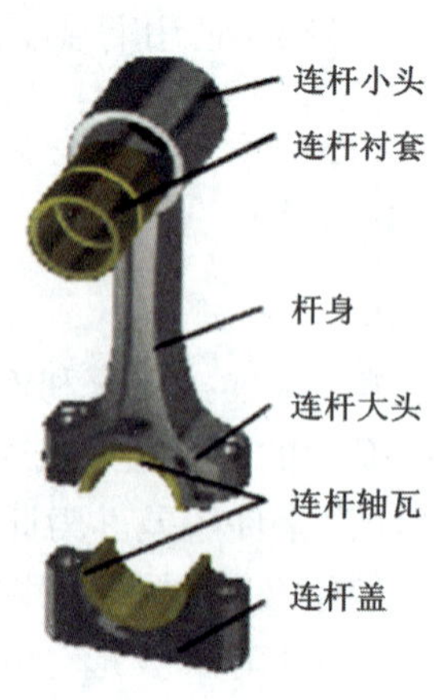

图 2－19　连杆

斜切口连杆的连杆螺栓由于承受较大的剪切力而容易发生疲劳破坏。为此，应该采用能够承受横向力的定位方法。

(1)止口定位：利用连杆盖与连杆大头的止口进行定位[图 2 -20(b)]，由止口承受横向力。这种方法工艺简单，但连杆大头外形尺寸大，止口变形后定位不可靠。

(2)套筒定位：在连杆盖上的每一个连杆螺栓孔中，同心地压入刚度大、抗剪切的定位套筒[图 2 -20(c)]，套筒外圆与连杆大头的定位孔为高精度动配合。这种定位方法的优点是多向定位，定位可靠。缺点是工艺要求高，若定位孔距不准，则会发生过定位而引起连杆大头孔失圆。另外，连杆大头的横向尺寸较大。

(3)锯齿定位：在连杆大头与连杆盖的结合面上拉削出锯齿，依靠齿面实现横向定位[图 2 -20(d)]。这种定位方法的优点是锯齿接触面大，贴合紧密，定位可靠，结构紧凑，因此在斜切口连杆上应用广泛。

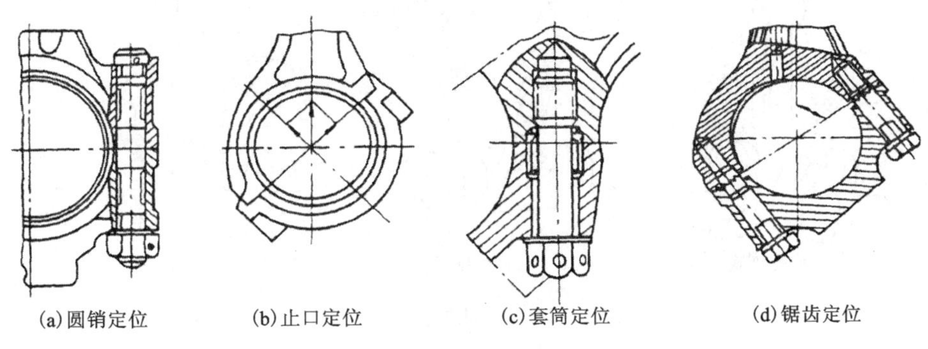

图 2 -20　连杆大头定位方式

连杆与连杆盖配对加工，加工后，在它们同一侧打上配对记号，安装时不得互相调换或变更方向。

将连杆盖和连杆大头连接在一起的连杆螺栓，在工作中要承受很大的冲击力，若折断或松脱，将造成重事故。为此，连杆螺栓都采用优质合金钢，并经精加工和热处理特制而成。拧紧连杆螺栓螺母时，要用扭力扳手分2 ~3 次交替均匀地拧紧到规定的扭矩，拧紧后还应可靠地锁紧。连杆螺栓损坏后绝不能用其他螺栓来代替。

为了减小摩擦阻力和曲轴连杆轴颈的磨损，连杆大头孔内装有瓦片式滑动轴承，简称连杆轴瓦。如图 2 -21 所示，轴瓦由上、下两个半片组成。目前多采用薄壁钢背轴瓦，在其内表面浇铸有减磨合金层，背面有很高的光洁度。减磨合金层具有质软、容易保持油膜、磨合性好、摩擦阻力小及不易磨损等特点。连杆轴瓦的半个轴瓦在自由状态下不是半圆形，当它们装入连杆大头孔内时，由于有过盈，故能均匀地紧贴在大头孔壁上，具有很好地承受载荷和导热的能力，并可以提高工作可靠性和延长使用寿命。

连杆轴瓦上制有定位凸键，供安装时嵌入连杆大头和连杆盖的定位槽中，以防轴瓦前后移动或转动。有的轴瓦上还制有油孔，安装时应与连杆上相应的油孔对齐。

V 型发动机左右两侧对应两个气缸的连杆是装在曲轴的一个连杆轴颈上的，其布置形式有三种，如图 2 -22 所示。

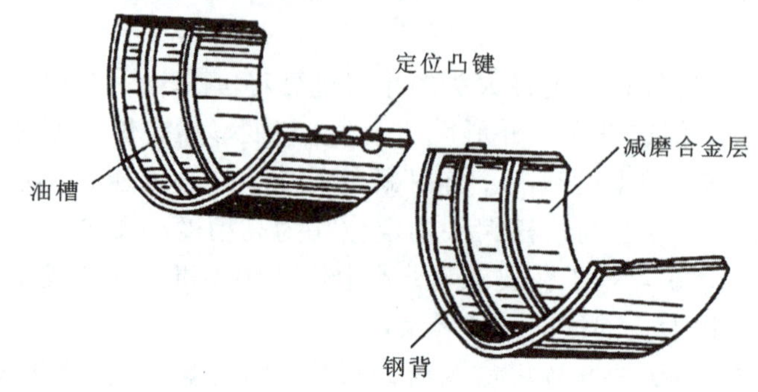

图 2－21 连杆轴瓦

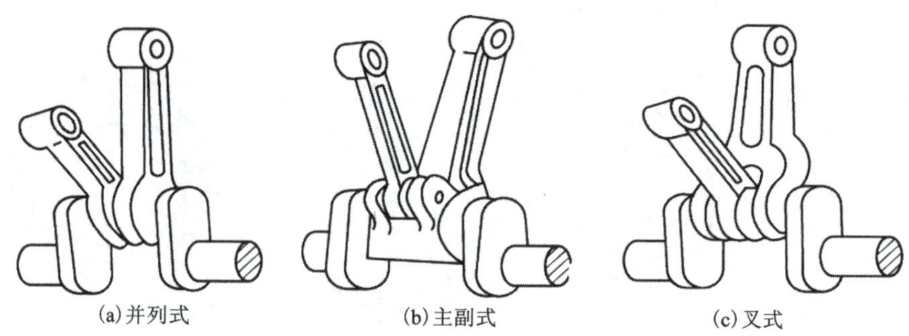

图 2－22 V 型发动机的连杆

(1)并列式连杆[图 2－22(a)]：左右两缸的连杆一前一后装在同一连杆轴颈上。这种形式的优点是连杆可以通用，两列气缸的活塞连杆组运动规律相同。缺点是两列气缸的轴心沿曲轴的轴向要错开一段距离，因而曲轴总长度增加，刚度降低。

(2)主副式连杆[图 2－22(b)]：一列气缸的连杆为主连杆，其连杆大头直接安装在曲轴的曲柄销上；另一列气缸的连杆为副连杆，其连杆大头通过销轴铰连在主连杆上。这样布置不会增加曲轴的长度，但缺点是主副连杆不能互换，且左右两列气缸的活塞连杆组的运动规律和受力都不相同。

(3)叉式连杆[图 2－22(c)]：两列气缸对应的两个连杆中，一个连杆大头做成叉形，跨装在另一个连杆厚度较小的片形大头两端。其优点是两列活塞连杆组的运动规律相同，左右对应的气缸不需要错位。缺点是叉形连杆大头的结构和制造工艺较复杂，而且大头的刚度也不高。

2.4 曲轴飞轮组

曲轴飞轮组主要由曲轴、飞轮、正时齿轮、皮带轮及曲轴扭转减振器等组成，如图 2－23 所示。

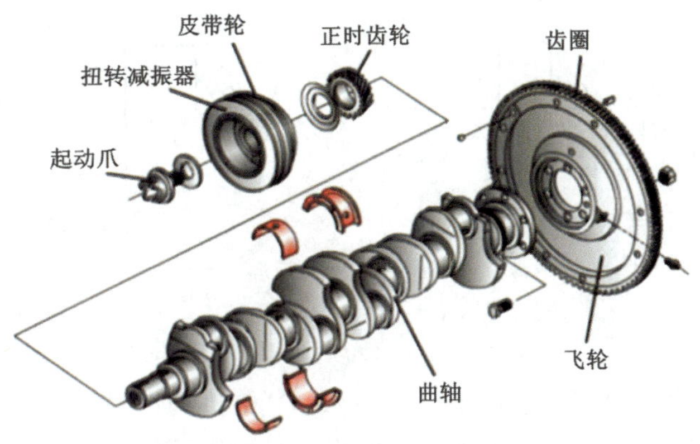

图 2－23 曲轴飞轮组

2.4.1 曲轴

曲轴的主要功用是把活塞连杆组传来的气体压力转变为扭矩对外输出，还用来驱动发动机的配气机构及其他各种辅助装置，如图 2－24 所示。

在发动机工作中，曲轴受到周期性变化的气体压力、往复惯性力、离心力及由此产生的转矩和弯矩的共同作用。因此要求曲轴有足够的刚度、强度，各工作表面润滑良好、耐磨，并具有良好的平衡性。

现代汽车发动机广泛采用球墨铸铁曲轴。为提高曲轴的抗疲劳强度，消除应力集中，轴颈表面应进行喷丸处理，圆角处要经滚压处理。

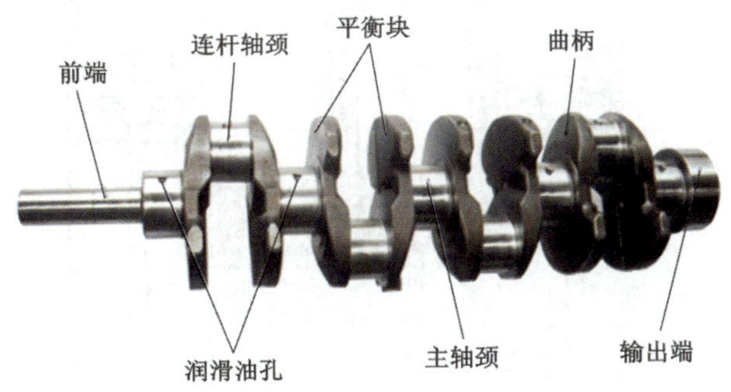

图 2－24 曲轴

按曲轴主轴颈的数目的多少曲轴分为全支撑曲轴及非全支撑曲轴。

在相邻两曲拐间都设置一个主轴颈的曲轴，称为全支撑曲轴，如图 2－25 所示；否则称为非全支撑曲轴，如图 2－26 所示。全支撑曲轴主轴颈数目比气缸数多一个。V 型发动机全支撑曲轴，主轴颈数目比气缸数的一半多一个。

平衡块可以与曲轴制成一体，也可以单独制成后再用螺栓固定在曲轴上，称为装配式平衡块。有些刚度较大的全支撑曲轴也可不设平衡块。曲轴不论有无平衡块，都必须经动平衡试验，对不平衡的曲轴常在其偏重的一侧钻去一些质量。

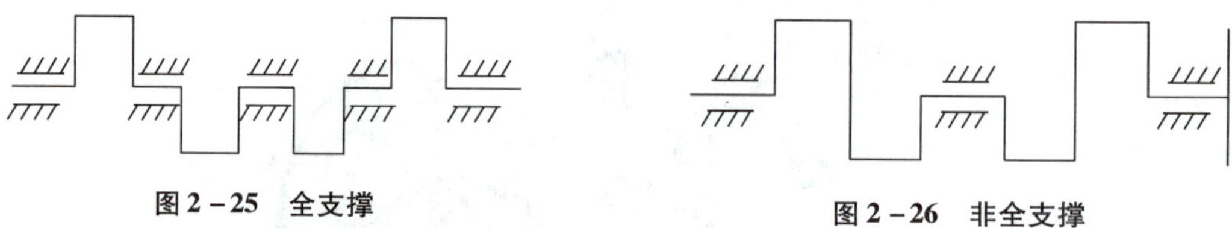

图 2－25　全支撑　　　　图 2－26　非全支撑

2.4.2　曲轴曲拐

各曲拐的相对位置或曲拐布置取决于气缸数、气缸排列形式和发动机工作顺序。当气缸数和气缸排列形式确定之后，曲拐布置就只取决于发动机工作顺序。在选择发动机工作顺序时，应注意以下几点：

(1)应该使接连做功的两个气缸相距尽可能地远，以减轻主轴承载荷和避免在进气行程中发生抢气现象。

(2)各气缸发火的间隔时间应该相同。发火间隔时间若以曲轴转角计则称发火间隔角。在发动机完成一个工作循环的曲轴转角内，每个气缸都应发火做功一次。对于气缸数为 i 的四冲程发动机，其发火间隔角应为 $720°/i$，即曲轴每转 $720°/i$ 时，就有一缸发火做功，以保证发动机运转平稳。

(3)V 型发动机左右两列气缸应交替发火。

四冲程直列四缸发动机的发火间隔角为 $720°/4=180°$，4 个曲拐在同一平面内，如图 2－27 所示。

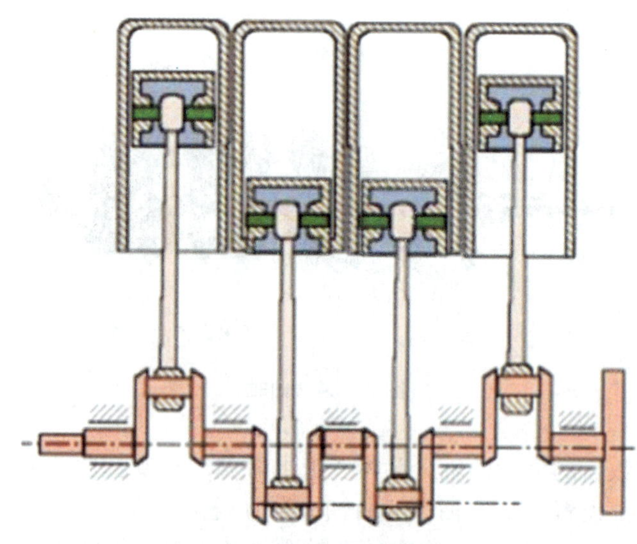

图 2－27　四冲程直列四缸发动机

四冲程四缸发动机工作循环为 1－2－4－3，如表 2－2 所示。

表 2－2 四缸发动机工作循环

曲轴转角(°)	第一缸	第二缸	第三缸	第四缸
0～180	做功	压缩	排气	进气
180～360	排气	做功	进气	压缩
360～540	进气	排气	压缩	做功
540～720	压缩	进气	做功	排气

四冲程六缸发动机曲拐布置如图 2－28 所示。

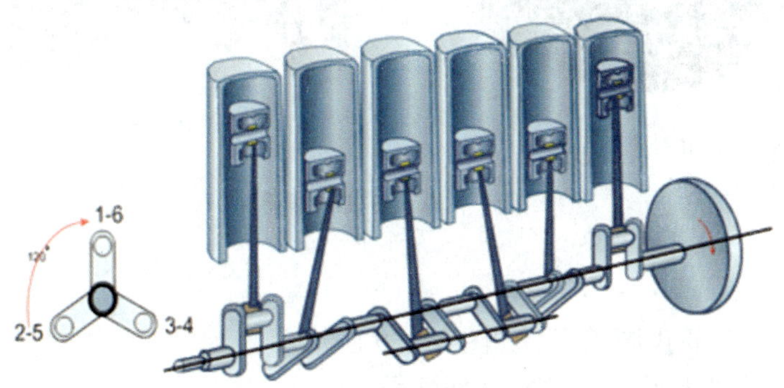

图 2－28 四冲程六缸发动机

四冲程六缸发动机工作循环为 1－5－3－6－2－4，如表 2－3 所示。

表 2－3 六缸发动机工作循环

<table>
<tr><th colspan="2">曲轴转角(°)</th><th>第一缸</th><th>第二缸</th><th>第三缸</th><th>第四缸</th><th>第五缸</th><th>第六缸</th></tr>
<tr><td rowspan="3">0～180</td><td>60</td><td rowspan="3">做功</td><td rowspan="2">排气</td><td>进气</td><td>做功</td><td rowspan="2">压缩</td><td rowspan="3">进气</td></tr>
<tr><td>120</td><td rowspan="3">压缩</td><td rowspan="3">排气</td></tr>
<tr><td>180</td><td rowspan="3">进气</td><td rowspan="3">做功</td></tr>
<tr><td rowspan="3">180～360</td><td>240</td><td rowspan="3">排气</td><td rowspan="3">压缩</td></tr>
<tr><td>300</td><td rowspan="3">做功</td><td rowspan="3">进气</td></tr>
<tr><td>360</td><td rowspan="3">压缩</td><td rowspan="3">排气</td></tr>
<tr><td rowspan="3">360～540</td><td>420</td><td rowspan="3">进气</td><td rowspan="3">做功</td></tr>
<tr><td>480</td><td rowspan="3">排气</td><td rowspan="3">压缩</td></tr>
<tr><td>540</td><td rowspan="3">做功</td><td rowspan="3">进气</td></tr>
<tr><td rowspan="3">540～720</td><td>600</td><td rowspan="3">压缩</td><td rowspan="3">排气</td></tr>
<tr><td>660</td><td rowspan="2">进气</td><td rowspan="2">做功</td></tr>
<tr><td>720</td><td>排气</td><td>压缩</td></tr>
</table>

2.4.3 曲轴扭转减振器

当发动机工作时，曲轴在周期性变化的转矩作用下，各曲拐之间发生周期性相对扭转的现象称为扭转振动，简称扭振。当发动机转矩的变化频率与曲轴扭转的自振频率相同或成整数倍时，就会发生共振。共振时扭转振幅增大，并导致传动机构磨损加剧，发动机功率下降，甚至使曲轴断裂。为了消减曲轴的扭转振动，现代汽车发动机多在扭转振幅最大的曲轴前端装置扭转减振器，如图 2 – 29 所示。汽车发动机多采用橡胶扭转减振器、硅油扭转减振器和硅油 – 橡胶扭转减振器等。

图 2 – 29　扭转减振器

2.4.4 飞轮

飞轮由飞轮盘和飞轮齿圈组成，如图 2 – 30 所示。

对于四冲程发动机来说，每四个活塞行程做功一次，即只有做功行程做功，而排气、进气和压缩三个行程都要消耗功。因此，曲轴对外输出的转矩呈周期性变化，曲轴转速也不稳定。为了改善这种状况，在曲轴后端装置飞轮。

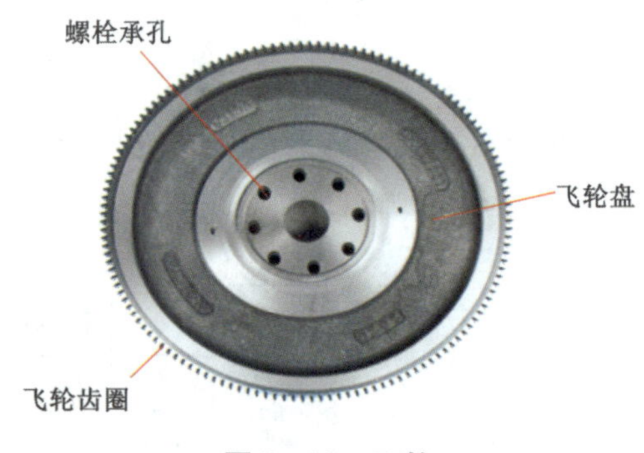

图 2 – 30　飞轮

飞轮是转动惯量很大的盘形零件，其作用如同一个能量存储器。在做功行程中发动机传输给曲轴的能量，除对外输出外，还有部分能量被飞轮吸收，从而使曲轴的转速不会升高很多。在排气、进气和压缩三个行程中，飞轮将其储存的能量放出来补偿这三个行程所消耗的功，从而使曲轴转速不致降低太多。

除此之外，飞轮还有下列功用：飞轮是摩擦式离合器的主动件；在飞轮轮缘上镶嵌有供起动发动机用的飞轮齿圈；在飞轮上还刻有上止点记号，用来校准点火定时或喷油定时以及调整气门间隙。

2.4.5 主轴承

汽车发动机滑动轴承有连杆衬套、连杆轴承、主轴承和曲轴止推轴承。

连杆轴承和主轴承均承受交变载荷和高速摩擦，因此轴承材料必须具有足够的抗疲劳强度，而且要摩擦小、耐磨损和耐腐蚀。

图 2－31 主轴承

主轴承均由上、下两片轴瓦对合而成，如图 2－31 所示。每一片轴瓦都是由钢背和减磨合金层或钢背、减磨合金层和软镀层构成，前者称为二层结构轴瓦，后者称为三层结构轴瓦。钢背是轴瓦的基体，由 1～3mm 厚的低碳钢板制造，以保证有较高的机械强度。在钢背上浇铸减磨合金层，减磨合金材料主要有白合金、铜铅合金和铝基合金。白合金也叫巴氏合金，应用较多的锡基白合金减磨性好，但抗疲劳强度低，耐热性差，温度超过 100℃硬度和强度均明显下降，因此常用于负荷不大的汽油机。铜铅合金的突出优点是承载能力大，抗疲劳强度高，耐热性好。但磨合性能和耐腐蚀性差。为了改善其磨合性和耐腐蚀性，通常在铜铅合金表面电镀一层软金属而成三层结构轴瓦，多用于高强化的柴油机。铝基合金包括铝锑镁合金、低锡铝合金和高锡铝合金。含锡 20% 以上的高锡铝合金轴瓦因为有较好的承载能力、抗疲劳强度和减磨性能而被广泛地用于汽油机和柴油机。软镀层是指在减磨合金层上电镀一层锡或锡铅合金，其主要作用是改善轴瓦的磨合性能并作为减磨合金层的保护层。

2.4.6 曲轴止推轴承

汽车行驶时由于踩踏离合器而对曲轴施加轴向推力，使曲轴发生轴向蹿动。过大的轴向蹿动将影响活塞连杆组的正常工作和破坏正确的配气正时和柴油机的喷油正时。为了保证曲轴轴向的正确定位，需装设止推轴承，而且只能在一处设置止推轴承，以保证曲轴受热膨胀时能自由伸长。曲轴止推轴承有翻边轴瓦（图 2－32）、半圆环止推片（图 2－33）和止推轴承环 3 种形式。

图 2－32 翻边轴瓦

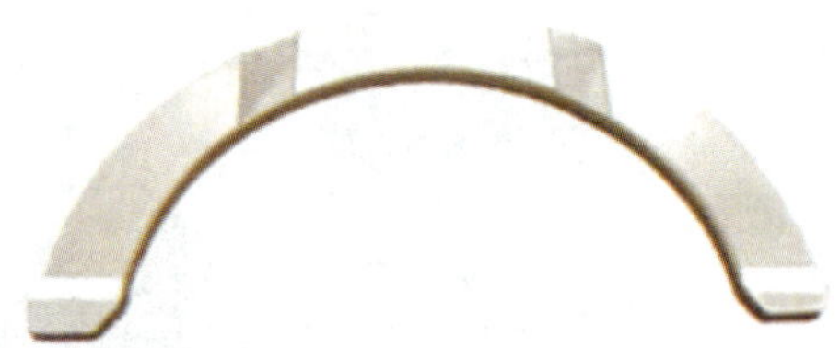
图 2－33 半圆环止推片

翻边轴瓦（是将轴瓦两侧翻边作为止推面，在止推面上浇铸减磨合金。轴瓦的止推面与曲轴止推面之间留有 0.06～0.25mm 的间隙，从而限制了曲轴轴向蹿动量。

半圆环止推片一般为四片，上、下各两片，分别安装在机体和主轴承盖上的浅槽中，用定位舌或定位销定位，防止其转动。装配时，需将有减磨合金层的止推面朝向曲轴的止推面，不能装反。

止推轴承环为两片止推圆环，分别安装在第一主轴承盖的两侧。

2.5 机体组的拆装(VR)

操作微课

VR操作

1. 准备工具和耗材

(1)扭力扳手;

(2)常用工具;

(3)手套。

2. 操作流程

(1)先用扭力扳手将连杆轴承盖的固定螺栓对角卸力,如图 2-34 所示;

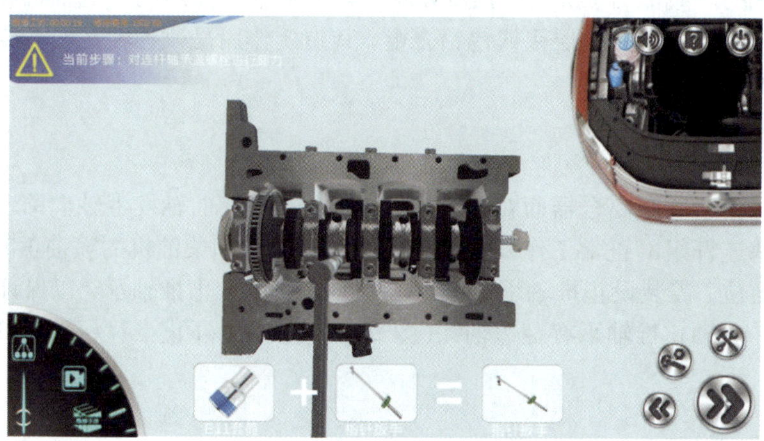

图 2-34　将连杆轴承盖固定螺栓卸力

(2)再用棘轮扳手对角拆卸连杆轴承盖的固定螺栓,如图 2-35 所示;

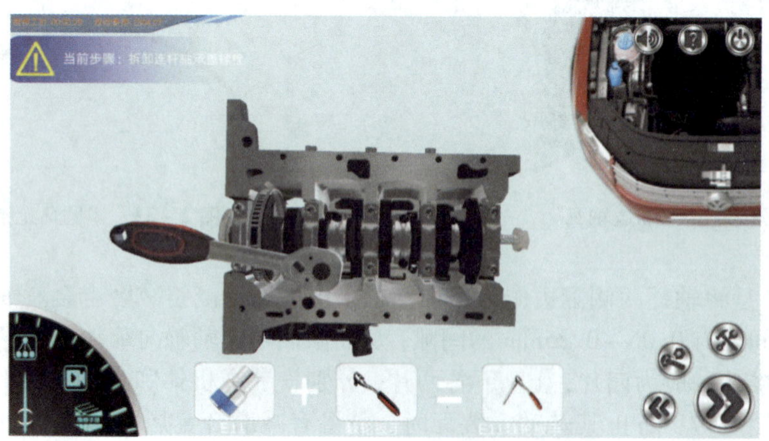

图 2-35　拆卸连杆轴承盖固定螺栓

(3)拆卸 1 缸和 4 缸的活塞,如图 2-36 所示;

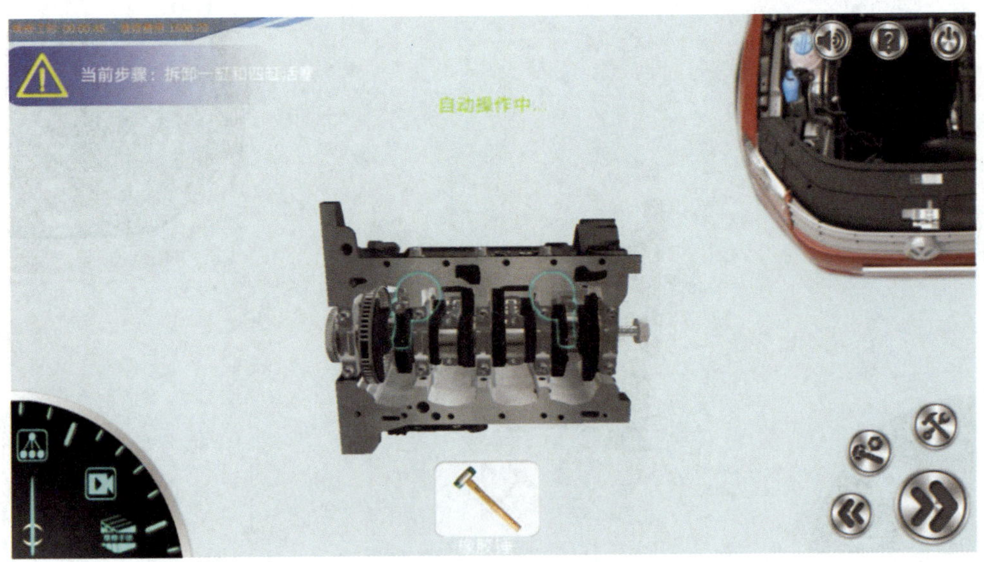

图 2－36 拆卸 1、4 缸活塞

（4）使用扳手将曲轴转 180°，如图 2－37 所示；

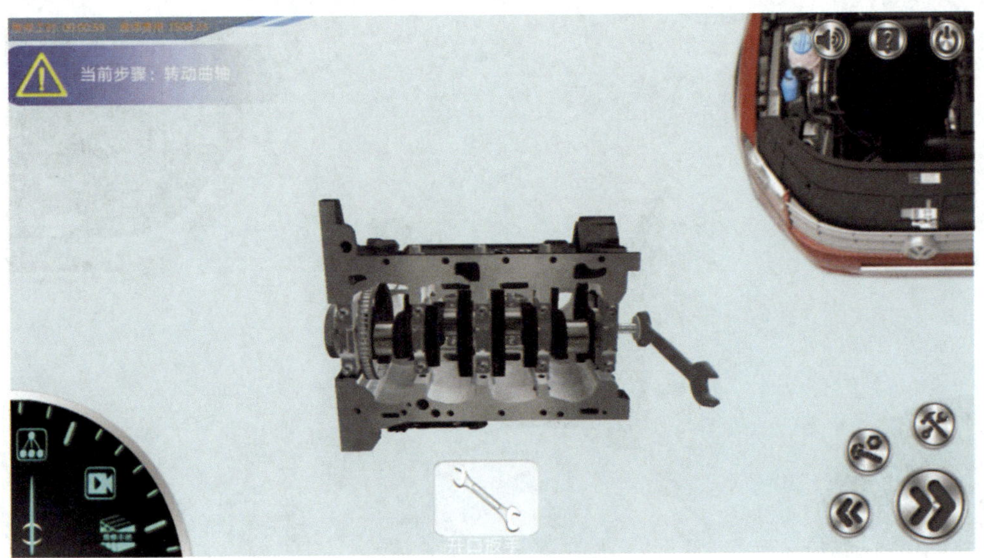

图 2－37 曲轴转 180°

(5)再拆卸2缸和3缸的活塞，如图2－38所示。

图2－38　拆卸2、3缸活塞

(6)使用扭力扳手对曲轴轴承盖的螺栓卸力，如图2－39所示；

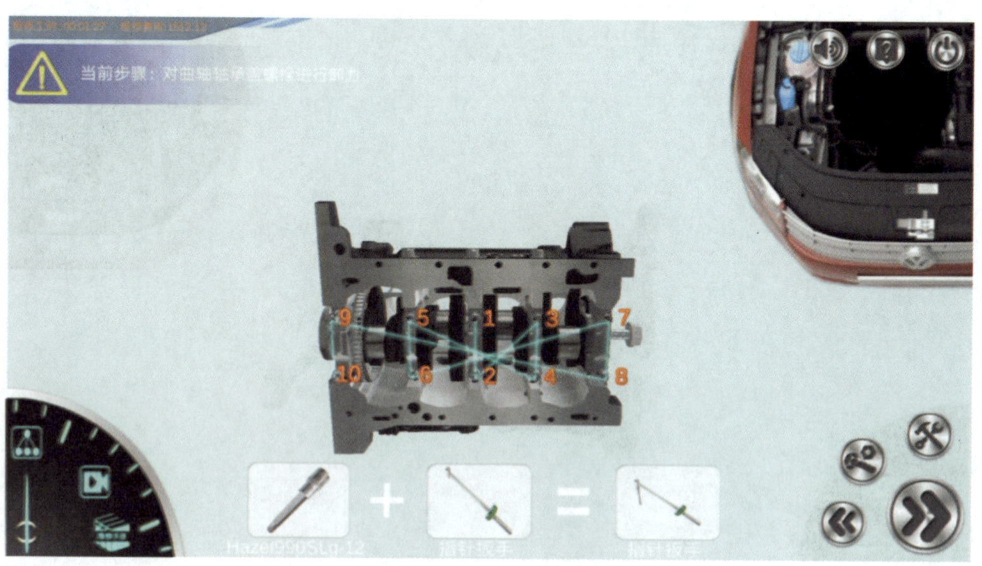

图2－39　对曲轴轴承盖螺栓卸力

(7)再使用棘轮扳手拆卸曲轴轴承盖的螺栓，如图 2-40 所示；

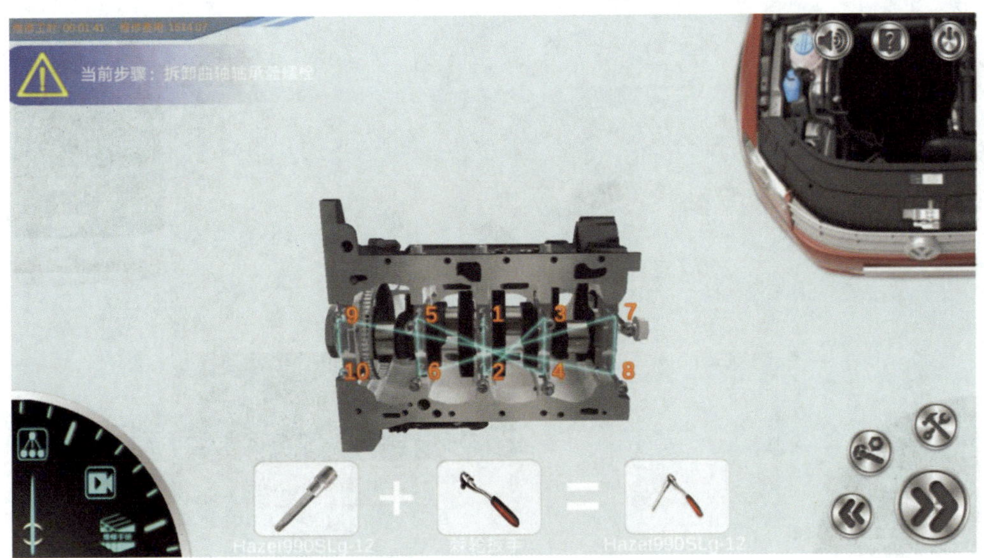

图 2-40 拆卸曲轴轴承盖螺栓

(8)使用扭力扳手将曲轴盖侧面的固定螺栓拆卸，如图 2-41 所示；

图 2-41 拆卸曲轴盖侧面固定螺栓

(9)将拆卸的零件摆放好，如图 2－42 所示。

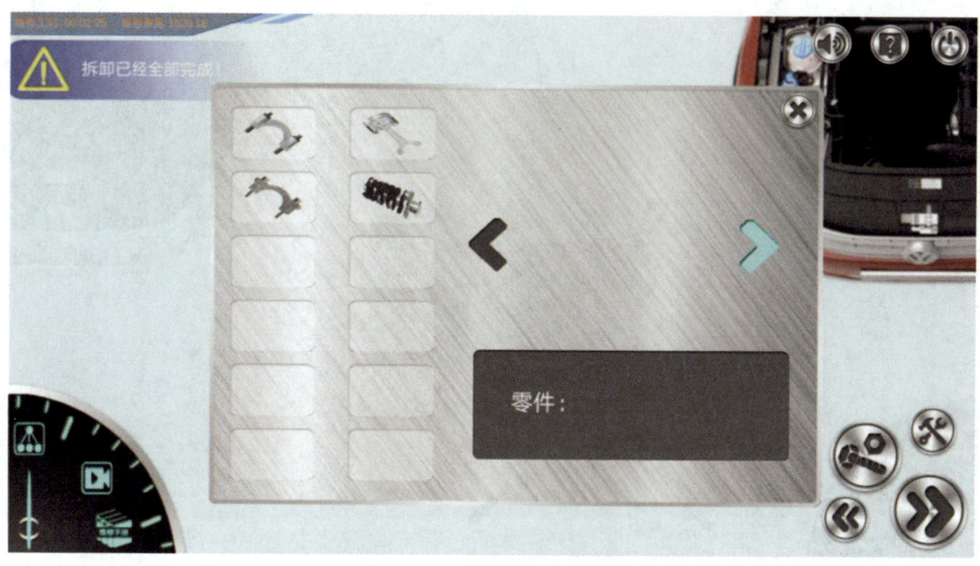

图 2－42　拆卸完成

单元练习

一、选择题

1. 下列哪个零件不属于活塞连杆组？(　　)

A. 油环　　B. 气环

C. 主轴承盖　　D. 活塞

2. 四冲程四缸发动机的活塞上一般有几道气环？(　　)

A. 一道气环　　B. 两道气环

C. 三道气环　　D. 四道气环

3. 活塞气环开有切口，具有弹性，在自由状态下其外径(　　)。

A. 与气缸直径相等　　B. 小于气缸直径

C. 大于气缸直径　　D. 不能确定

4. 四冲程六缸发动机的做功间隔角是(　　)。

A. 180°　　B. 360°

C. 120°　　D. 720°

5. 为了保护活塞裙部表面，加速磨合，在活塞裙部较多采用的措施是(　　)。

A. 涂润滑　　B. 喷油润滑

C. 镀锡　　D. 镀铬

二、判断题

1. 曲柄连杆机构包括了活塞连杆组和曲轴飞轮组。(　　)
2. 曲轴箱分为上曲轴箱、中曲轴箱和下曲轴箱。(　　)
3. 发动机的气缸体和曲轴箱常铸成一体，统称为气缸体。(　　)
4. 活塞行程是曲柄旋转半径的2倍。(　　)
5. 汽油机使用干式缸套，而柴油机常用湿式缸套。(　　)

3　配气机构

学习目标

- 熟悉配气机构的作用及组成。
- 熟悉气门组的组成及作用。
- 熟悉气门传动组的组成及作用。
- 了解配气相位的原理。

3.1　配气机构的作用及组成

1. 配气机构的作用

配气机构是按照发动机的点火次序和工作循环，定时地开启或关闭各缸的进气门和排气门，使可燃混合气或纯净空气及时地进入气缸，并使废气从气缸内排出，实现换气过程。

2. 配气机构的组成

配气机构主要包括气门组和气门传动组两部分，如图 3－1 所示。其中气门组中的气门又可以分为进气门和排气门，如图 3－2 所示。

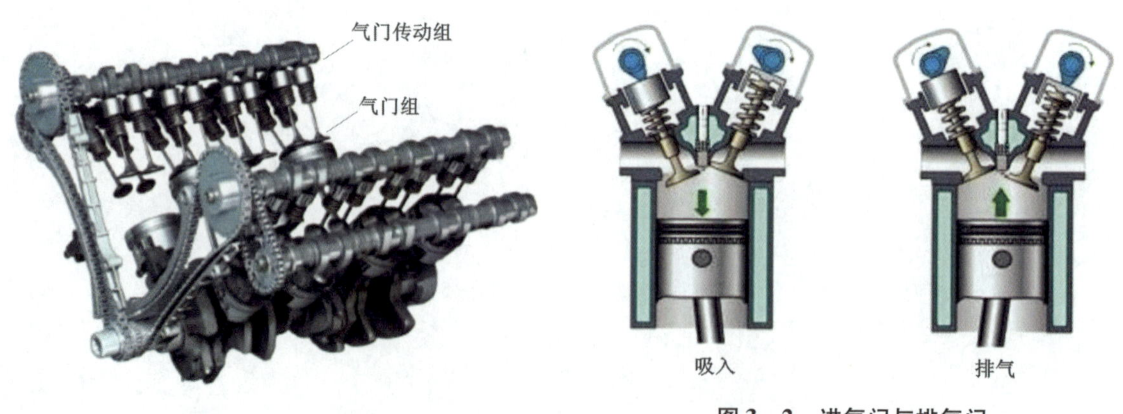

图 3－1　配气机构

图 3－2　进气门与排气门

进气门的作用是将空气吸入发动机内，以便与燃料混合燃烧。

排气门的作用是将燃烧后的废气排出并散热。

(1)气门组

现代发动机通常采用气门式配气机构。气门组主要包括气门、气门座、气门弹簧、气门导管及气门锁片等零件，如图3-3所示。

(2)气门传动组

气门传动组主要包括凸轮轴、挺柱、推杆及摇臂等零件，如图3-4所示。作用是使进、排气门能按配气相位规定的时刻开闭，并保证有足够的开度。

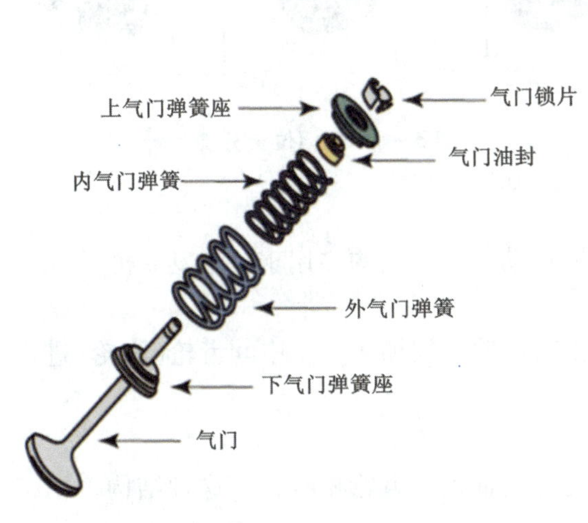

图3-3 气门组

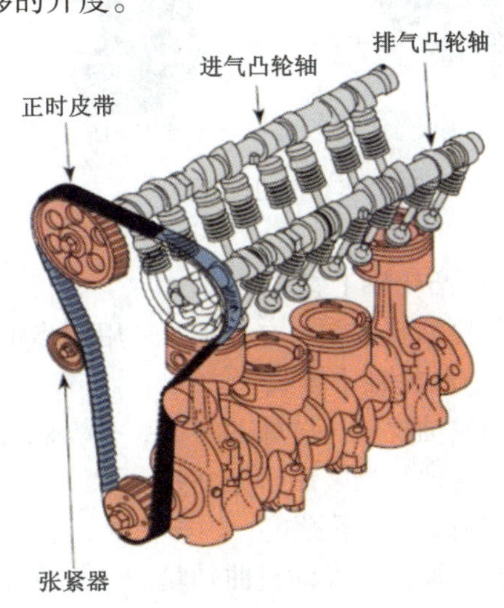

图3-4 气门传动组

3.2 配气机构的类型

1. 按气门位置分类

配气机构根据气门位置分为以下两种：(图3-5)

(1)气门侧置式：它由于进、排气阻力较大，压缩比也受到了限制，在现代发动机上已经很少采用。

(2)气门顶置式：它由于动力性和经济性较好，在现代发动机上广泛采用。

2. 按气缸气门数分类

按每个气缸门数，可分为两气门式和多气门式。

一般发动机都采用每缸两气门结构，即一个进气门和一个排气门。当气缸直径较大，活塞速度较高时，两气门式配气机构的换气质量不良，因此，在高级汽车发动机上普遍采用多气门结构。气门数目的增加，使得发动机的气门横截面积增加，发动机的换气效果较好，充气效率较高，改善了发动机的动力性能、经济性和排放性能。

3. 按凸轮轴位置分类

按凸轮轴的位置，可分为凸轮轴下(底)置式、凸轮轴中置式和凸轮轴上(顶)置式3类，如图3-6所示。

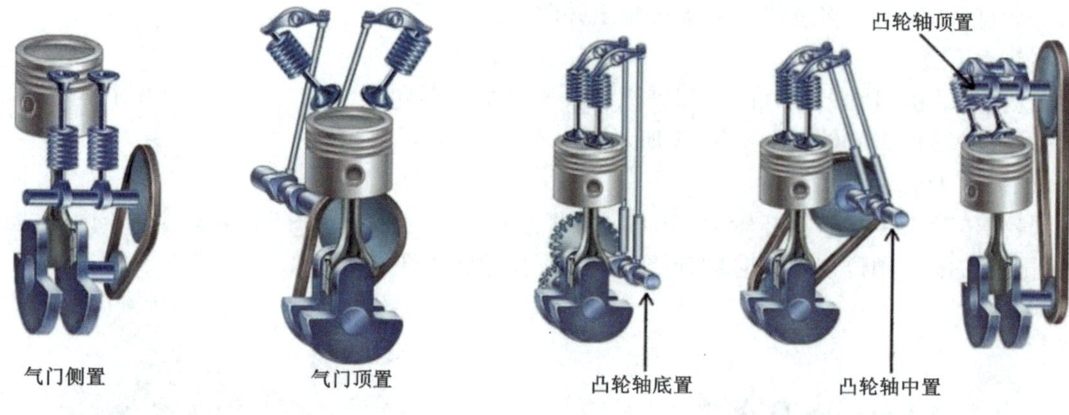

图 3-5 气门位置分类

图 3-6 气门位置分类

(1)凸轮轴上置式

凸轮轴安装在气缸盖上，采用同步带传动或链传动。这种结构多用于轿车发动机。

(2)凸轮轴中置式

凸轮轴位于气缸体的中部，一般采用在一对正时齿轮之间加入一个中间齿轮(隋轮)进行传动。这种结构多用于柴油机。

(3)凸轮轴下置式

凸轮轴位于发动机曲轴箱内，凸轮轴正时齿轮与曲轴正时齿轮相啮合。这种结构多用于载货汽车和大中型客车。

3.3 气门组

1. 气门

气门分为进气门和排气门两种，其结构基本相同，如图 3-7 所示。为了增加进气量，进气门头部直径一般比排气门大，气门头部与气门座接触的圆锥面为工作面，称为气门的密封锥面。其角度通常为 45°。有的发动机进气门锥角为 30°。气门杆部为圆柱形，在尾端处设有环形槽或锁销孔，以固定弹簧座。

气门头部端面有平顶、凹顶和凸顶等形状，如图 3-8 所示。目前应用最多的是平顶气门，其结构简单，制造方便，受热面积小，进、排气门都可采用。

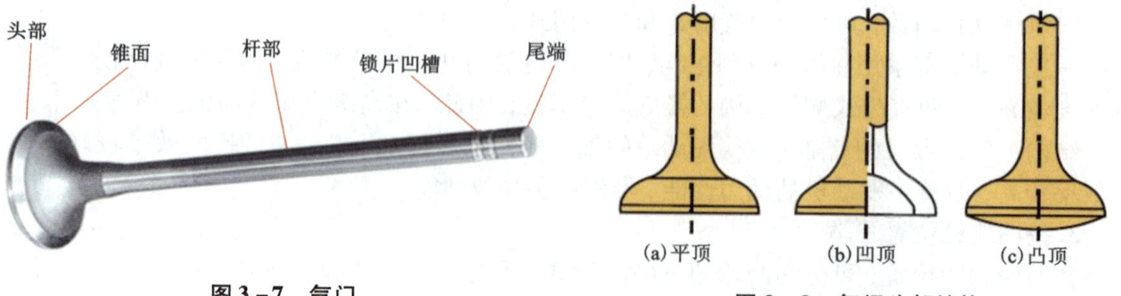

图 3-7 气门

图 3-8 气门头部结构

为保证气门座与气门的密封性，气门座上加工有与气门相适应的锥角和锥面。其中，45°(30°)的锥面与气门密封锥面贴合，如图3－9所示。

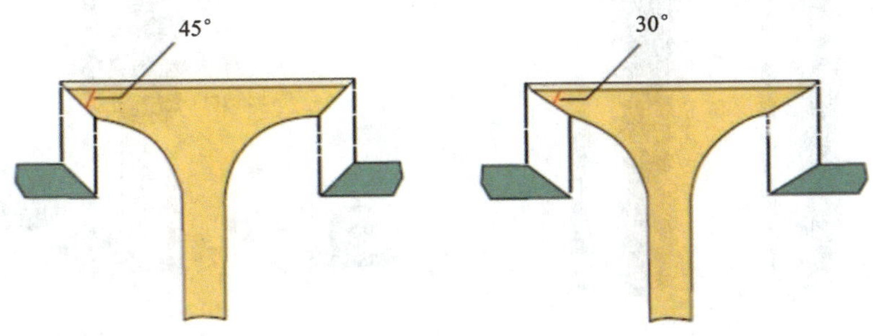

图3－9　气门锥角与锥面

2. 气门座

气缸盖的进、排气道与气门锥面相贴合的部位称为气门座，如图3－10所示。它与气门锥面紧密贴合以密封气缸。为了改善润滑，气门导管多用灰铸铁、球墨铸铁或粉末冶金制成，同时接受气门头部传来的热量起到对气门散热的作用。气门座可在气缸盖上直接镗出，但大多数发动机的气门座是用耐热合金钢单独制成座圈，称气门座圈。

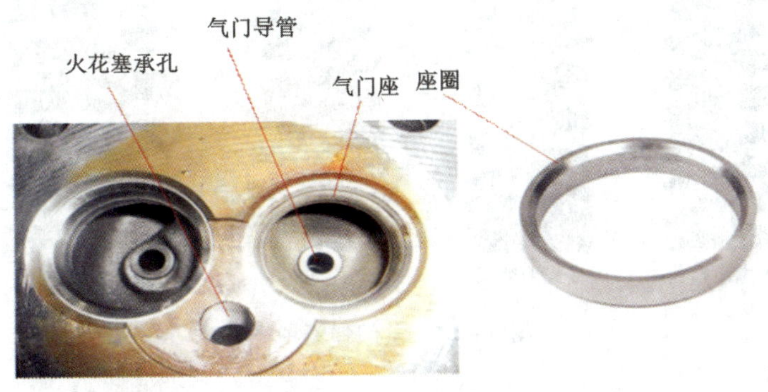

图3－10　气门座

3. 气门导管

气门导管(图3－11)是对气门在工作时进行导向，以保证气门与气门座之间的正确配合与开闭。将气门杆的热量传递给气缸盖，并起到良好的导向和散热作用。气门导管与气缸盖上的气门导管孔为过盈配合，以避免松脱。气门一般采用两个气门锁片固定在气门弹簧座上。

4. 气门弹簧

气门弹簧(图3－12)的作用是保证气门及时关闭和紧密贴合，同时防止气门在发动机振动时发生跳动而破坏密封；在气门开启时，保证气门不因运动惯性而脱离凸轮。

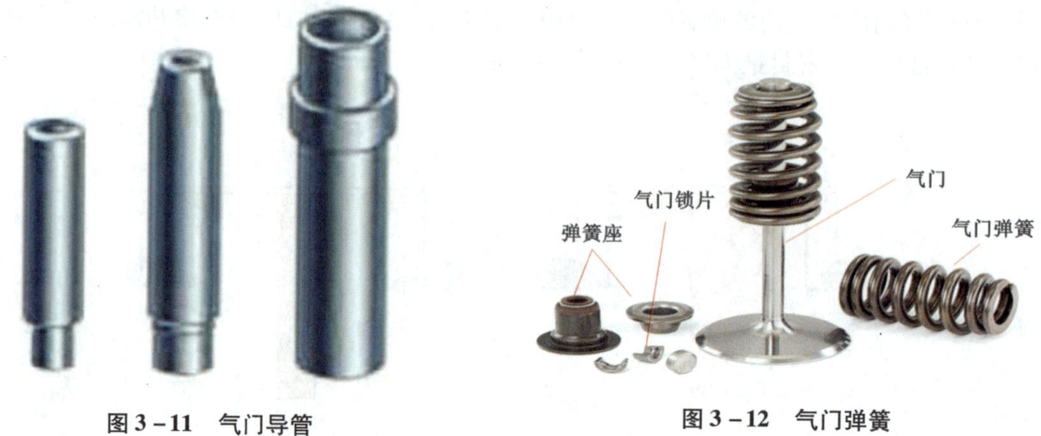

图 3－11　气门导管

图 3－12　气门弹簧

气门弹簧多为圆柱形螺旋弹簧。发动机装一根气门弹簧时，可采用变螺距弹簧，以防止共振。现在高速发动机大多采用两根弹簧的结构，弹簧内、外直径不同，旋向不同，它们同心安装在气门导管的外面，不仅可提高弹簧的工作可靠性，防止共振的产生，还可以降低发动机的高度，而且当一根弹簧折断时，另一根还能继续维持工作，不致使气门落入气缸中。气门弹簧种类如图 3－13 所示。

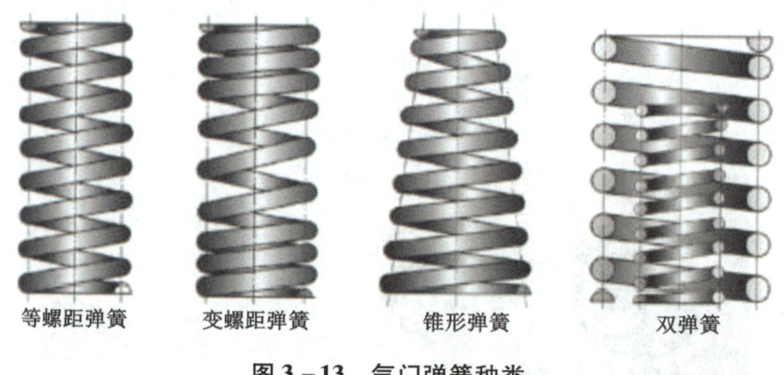

图 3－13　气门弹簧种类

5. 气门锁片

气门锁片位于气门尾部，其作用是固定气门，防止气门脱落掉入气缸。它通常和上气门弹簧座配合使用。气门锁片内表面有多种形状，相应地气门尾端也有各种不同形状的气门锁片槽，如图 3－14 所示。

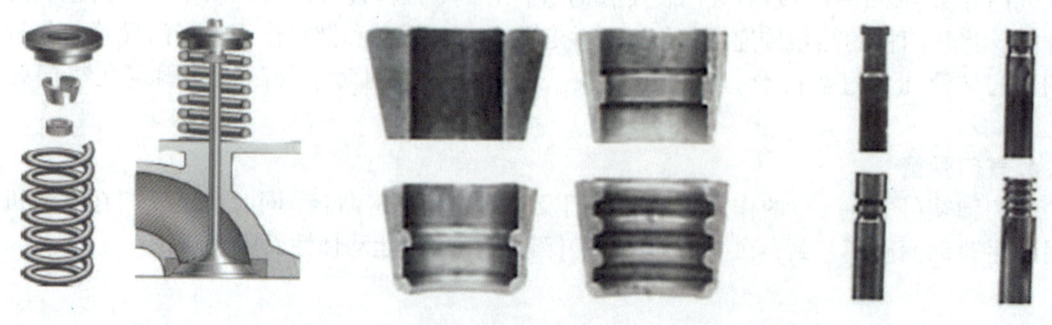

图 3－14　气门锁片

3.4 气门传动组

1. 凸轮轴

凸轮轴用来驱动气门组件，通过轴承支撑在气缸盖上，凸轮轴由发动机前部的正时齿轮、正时链条或正时皮带驱动。凸轮轴上有许多油孔，用来润滑凸轮和气门组件。在四冲程发动机上，由于凸轮轴驱动齿轮的齿数是曲轴正时齿轮数的两倍，所以凸轮轴的转速是曲轴转速的1/2。凸轮轴结构如图3－15所示。

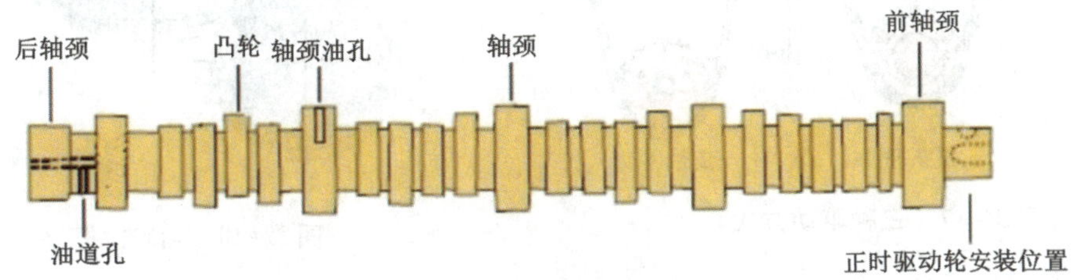

图3－15 凸轮轴

汽油发动机配置有单顶置凸轮轴（SOHC）和双顶置凸轮轴（DOHC）两种类型，如图3－16所示。单顶置凸轮轴发动机在气缸盖上仅有一根凸轮轴，同时驱动进、排气门，双顶置凸轮轴发动机在气缸盖上装有两根凸轮轴，分别驱动进气门和排气门。

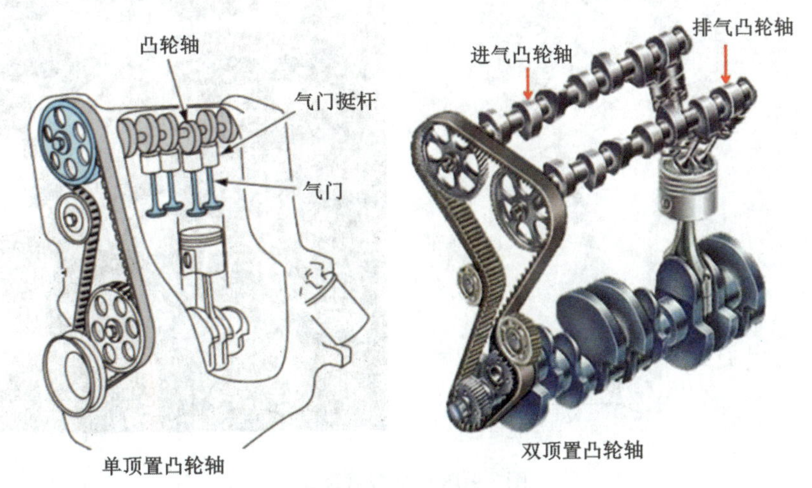

图3－16 凸轮轴分类

凸轮轴由曲轴驱动，其驱动形式有齿轮式驱动、链条式驱动和皮带式驱动三种，如图3－17所示。

（1）齿轮式驱动

齿轮式驱动一般适用于下置式凸轮轴，不需要张紧器，齿轮式驱动配气精确，噪声小，使用寿命长，但是制造成本较高，因受发动机活塞作用行程的冲击，齿轮容易振动。为了保证正确的配气正时和喷油正时，通常在驱动齿轮上刻有正时标记，装配时必须对正标记，如图 3－18 所示。

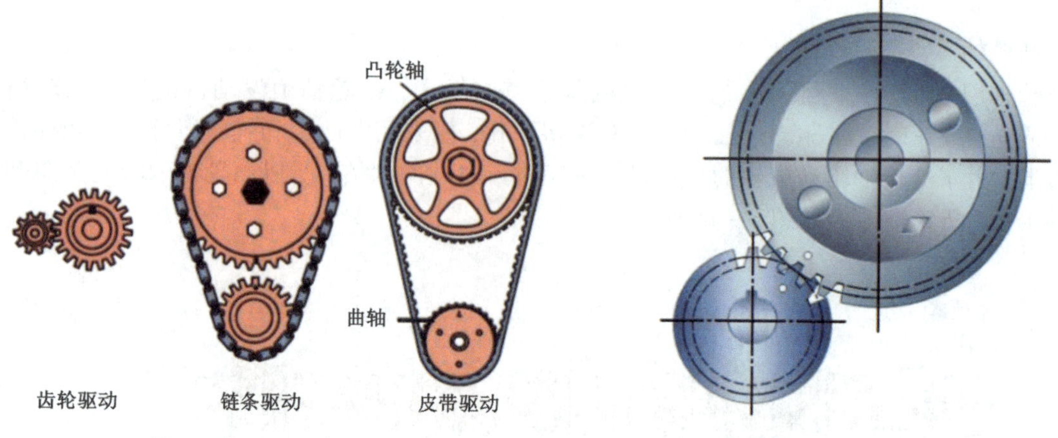

图 3－17　三种驱动方式

图 3－18　齿轮式驱动

(2)链条式驱动

链条式驱动(图 3－19)适用于顶(上)置式或者中置式凸轮轴，其优点就是可以长距离传递动力，允许链条之间的轴线存在轻微的不同，使用寿命长。缺点是容易产生噪声，因此需要安装张紧器和减振器来减轻链条的振动。另外链条还需要保持良好的润滑。

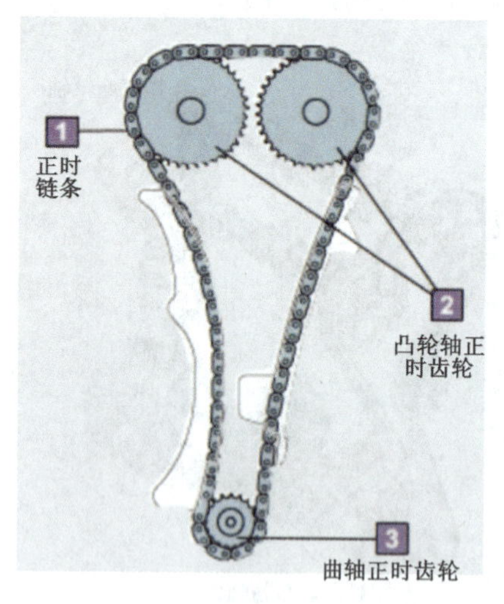

图 3－19　链条式驱动

(3)皮带式驱动

皮带式驱动(图 3－20)采用齿形皮带进行传动，运行柔和，噪声低且不需要润滑，更适合轴间距较长的传动。另外正时皮带噪声小、传动阻力小、传动惯性也小，能够提高发动机的动力性及加速性能，并且制造成本低，容易更换。但是皮带是由橡胶合成材料制作，寿命短，容易磨损断裂。因此正时皮带需要定期检查或更换。

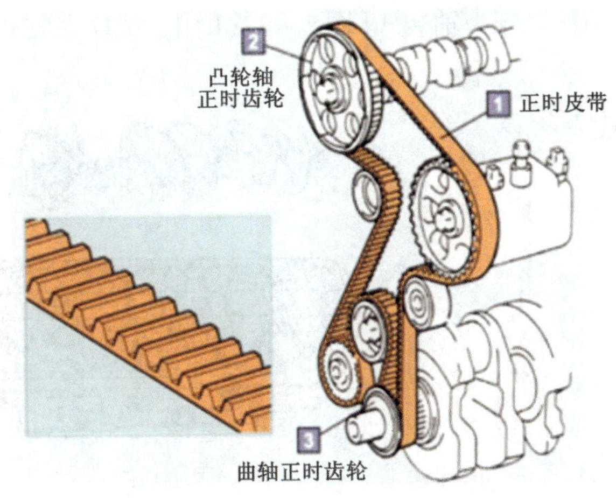

图 3-20 皮带式驱动

2. 气门挺柱

挺柱的功用是将凸轮的推力传给推杆(或气门杆)，并承受凸轮轴旋转时所施加的侧向力。挺柱分为机械挺柱和液压挺柱，如图 3-21 所示。机械挺柱不能自动调节挺柱与凸轮的间隙，因此需要定期检查气门间隙。而液压挺柱可以自动调整挺柱与凸轮的间隙，一般不需要检查气门间隙。液压挺柱利用机油压力来消除气门间隙，减少了因气门间隙带来的异响。

3. 气门推杆

推杆只应用在凸轮轴下置式配气机构中，作用是将从凸轮经挺柱传来的推力传给摇臂。它是气门机构中最易弯曲的零件。因此要求推杆有较好的纵向稳定性和较大的刚度。气门推杆如图 3-22 所示。

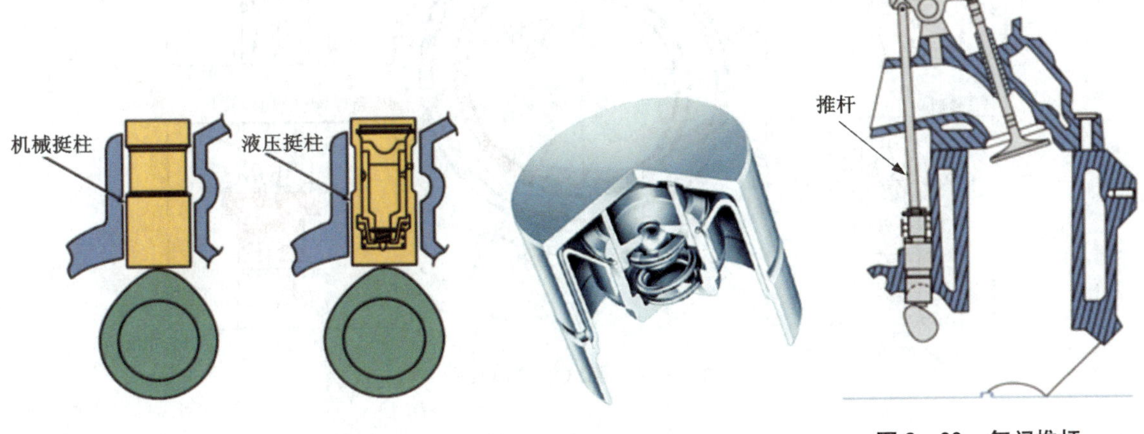

图 3-21 气门挺柱

图 3-22 气门推杆

4. 气门摇臂

摇臂[图 3-23(a)]的作用是将推杆或凸轮的作用传递给气门组件。摇臂是一个以摇臂轴为支点的双臂杠杆，两臂不等长。摇臂一端加工有螺纹孔，用来拧入气门间隙调整螺栓，另一端加工成圆弧面，与推杆末端球面相配合。

摇臂按其安装方式不同，分为轴装式[图 3－23(b)]、螺栓安装式和基座安装式。

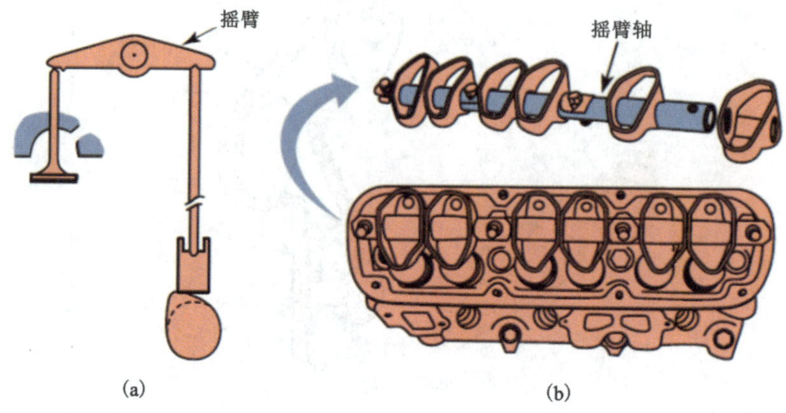

图 3－23　气门摇臂

3.5　配气相位

配气相位是用曲轴转角表示的进、排气门的实际开闭时刻和开启持续时间。通常配气相位用曲轴转角的环形图表示，如图 3－24 所示。

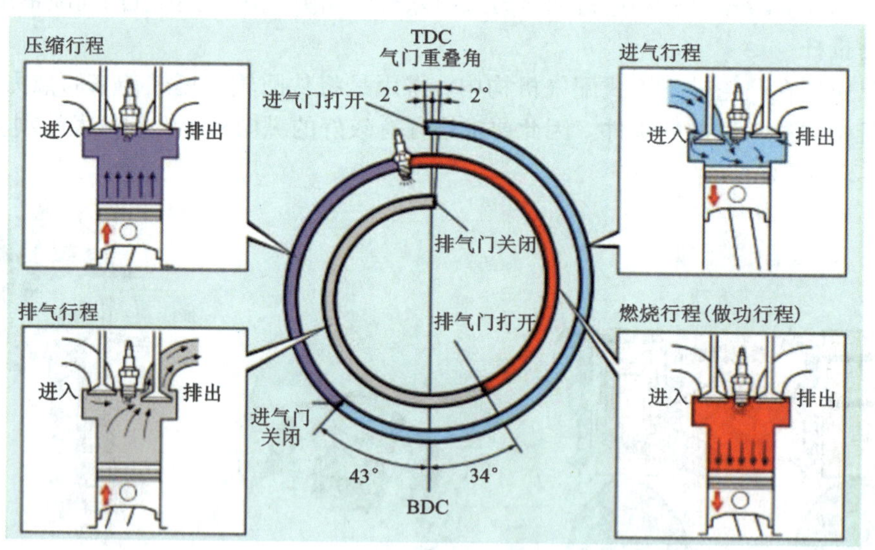

图 3－24　配气相位环形图

发动机在工作时，换气过程要做到“进饱排净”，可提高充气效率，有利于燃料的燃烧，可增大发动机发出的功率。实际上现代发动机的转速较高，每一行程的时间很短，如当发动机工作时，一个行程的进气和排气时间非常短暂。此外，进排气门的开启和关闭都需要一个过程，故理论上的气门在活塞上下止点开启和关闭气门会造成发动机进气不足和排气不净。为了达到“进饱排净”的效果，现代发动机采取了很多措施，如从结构上尽量减小气体流动阻力，增大气体流通截面等。但通过使发动机进排气门适当早开晚关，以增加发动机进排气时间，是所有发动机普遍采用的措施。

进气门早开：①进气时间长；
②最大吸力时气门开度最大。

进气门晚关：①进气时间长；
②利用进气惯性多进气。

排气门早开：①排气时间长；
②利用剩余高压气体排气。

排气门晚关：①排气时间长；
②利用排气惯性多排气。

3.6 正时校对(VR)

操作微课

VR操作

1. 准备工具和耗材

(1)固定凸轮轴专用工具；

(2)常用工具；

(3)手套。

2. 操作流程

(1)安装固定凸轮轴专用工具，如图3-25所示；

图3-25 安装工具

(2)调整链条和齿轮的对应记号位置，如图 3－26 所示；

图 3－26 调整链条和齿轮对应记号位置

(3)安装正时链条导轨，如图 3－27 所示。

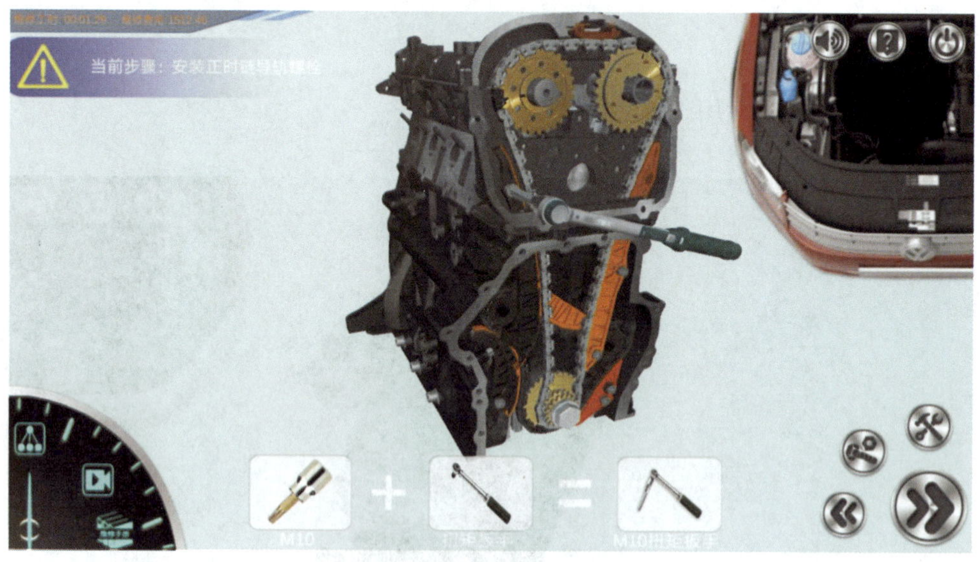

图 3－27 安装正时链条导轨

(4)安装张紧器，如图 3 – 28 所示。

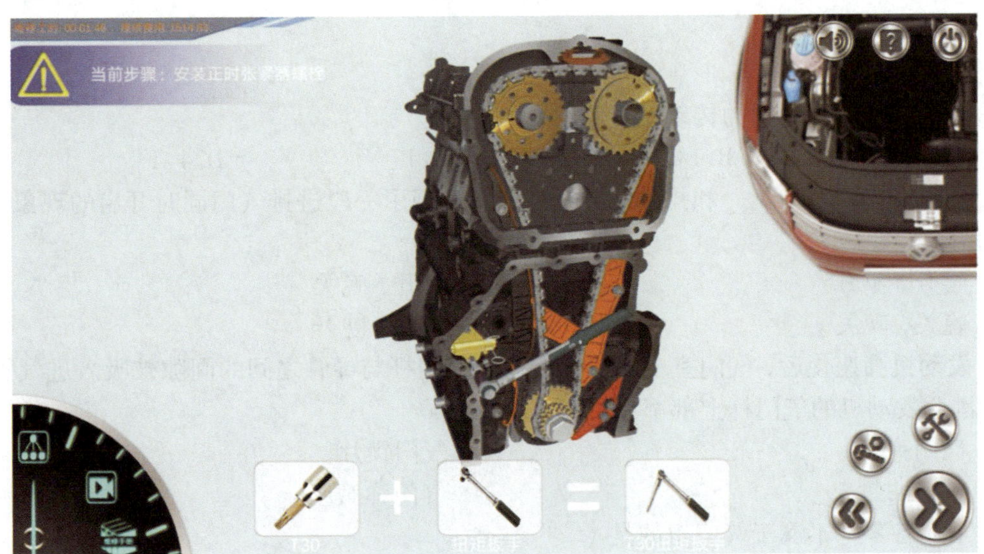

图 3 – 28　安装张紧器

(5)安装轴承桥，如图 3 – 29 所示。

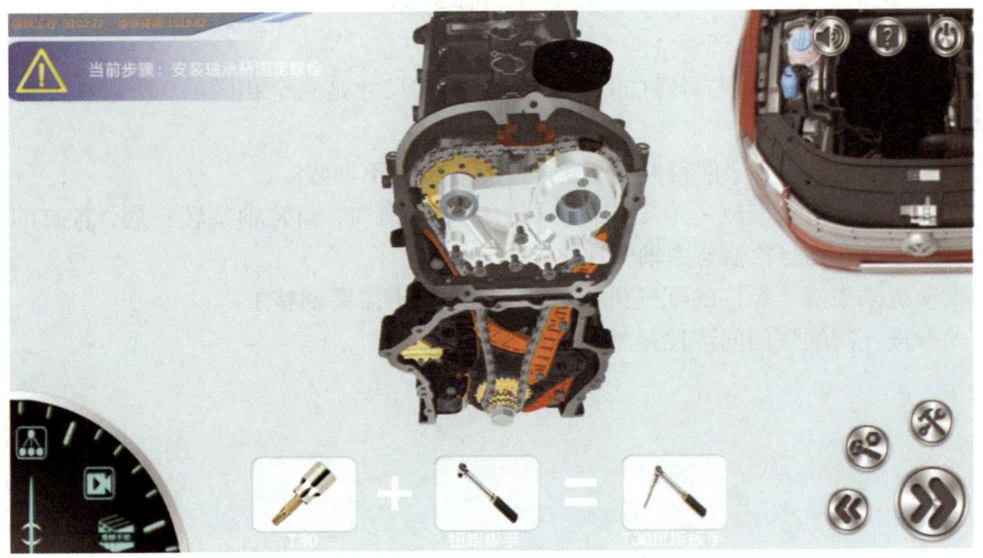

图 3 – 29　安装轴承桥

单元练习

一、选择题

1. 曲轴与凸轮轴之间的传动比为(　　)。

A. 2∶1　　B. 1∶2　　C. 1∶1　　D. 4∶1

2. 由于进气门________和排气门________，出现了一段进排气门同时开启的现象，称为气门叠开。(　　)

A. 早开，早开　　B. 早开，晚关

C. 晚关，晚关　　D. 早关，晚开

3. 发动机高速化后，气门室中的机油会通过气门杆与导管之间的间隙被吸入进气管和气缸内，因此发动机的气门杆上部都设有(　　)。

A. 气门弹簧　　B. 气门锁片

C. 气门油封　　D. 气门弹簧座

4. 下述各零件不属于气门组的是(　　)。

A. 气门弹簧　　B. 气门

C. 气门弹簧座　　D. 凸轮轴

5. 气门间隙(　　)会影响发动机配气相位的变化。

A. 过大　　B. 过小

C. 过大或过小　　D. 都不是

二、判断题

1. 对于多缸发动机来说，各缸同名气门的结构和尺寸是完全相同的，所以在拆装时可以互换使用。(　　)

2. 气门间隙过大时，会使得发动机进气不足，排气不彻底。(　　)

3. 四冲程发动机每完成一个工作循环，曲轴旋转两周，凸轮轴旋转一周，各缸的进、排气门各开启一次，故凸轮轴与曲轴转速之比应为2∶1。(　　)

4. 发动机采用液压挺柱的配气机构，气门间隙就不需要调整了。(　　)

5. 一般进气门的气门间隙比排气门的间隙略小。(　　)

4 燃油供给系统

学习目标

- 熟悉燃油供给系统的作用及组成。
- 熟悉燃油泵的组成及作用。
- 熟悉燃油滤清器的组成及作用。
- 了解喷油器的结构及原理。

4.1 汽油、柴油及其使用性能

汽油机燃油系统的功用是根据发动机运转工况的需要，向发动机供给一定数量的、清洁的、雾化良好的汽油，以便与一定数量的空气混合形成可燃混合气，在临近压缩终了时混合气点火燃烧而膨胀做功。汽油机燃油系统有化油器式和汽油喷射式两种形式，现代汽车燃油系统大多采用汽油喷射式系统，以适应降低油耗，减少污染的要求。

1. 汽油

汽油的英文名为Gasoline(美)/Petrol(英)，外观为透明液体，可燃，馏程为30～220℃，主要成分为C5～C12脂肪烃和环烷烃，以及一定量芳香烃。汽油具有较高的辛烷值(抗爆震燃烧性能)。汽油由石油炼制得到的直馏汽油组分、催化裂化汽油组分、催化重整汽油组分等不同汽油组分经精制后与高辛烷值组分经调和制得，主要用作汽车点燃式内燃机的燃料。

汽油重要的特性为蒸发性、抗爆性、安定性、安全性和腐蚀性。

汽油按牌号来生产和销售，牌号规格由国家汽油产品标准加以规定，并与不同标准有关。目前我国国Ⅳ的汽油牌号有3个，分别为90号、93号、97号。国Ⅴ的有89号、92号、95号、98号。汽油的牌号是按辛烷值划分的。例如，97号汽油指与含97%的异辛烷、3%的正庚烷抗爆性能相当的汽油燃料。标号越大，抗爆性能越好。应根据发动机压缩比的不同来选择不同牌号的汽油，这在每辆车的使用手册上都会标明最低添加标号。

目前市场上汽油有89、92、95等标号，这些数字代表汽油的辛烷值，也就是代表汽油的抗爆性，与汽油的清洁度无关。所谓“高标号汽油更清洁”纯属误导。按照发动机的压缩比或汽车使用说明书的要求加油，更科学、更经济，并能充分发挥发动机的效率。

2. 柴油

柴油是轻质石油产品，复杂烃类(碳原子数为10～22)混合物，为柴油机燃料。主要由原油蒸馏、催化裂化、热裂化、加氢裂化、石油焦化等过程生产的柴油馏分调配而成；也可由页岩油加工和煤液化制取。柴油分为轻柴油（沸点范围为 180～370℃）和重柴油（沸点范围为 350～410℃）两大类。广泛用于大型车辆、发电机、船舰。柴油最重要用途是用于车辆、船舶的柴油发动机。与汽油相比，柴油能量密度高，燃油消耗率低，但废气中含有害成分（NO，NO_2，颗粒物等）较多。

柴油使用性能中最重要的是着火性和流动性，其技术指标分别为十六烷值和凝点，我国柴油现行规格中要求含硫量控制在 0.5%～1.5%。

柴油按凝点分级，轻柴油有 10、5、0、－10、－20、－35、－50 七个牌号，重柴油有 10、20、30 三个牌号。

一般来讲，5#柴油适用于气温在 8℃以上时使用；0# 柴油适用于气温在 8～4℃时使用；－10#柴油适用于气温在 4～－5℃时使用；－20#柴油适用于气温在－5～－14℃时使用；－35#柴油适用于气温在－14～－29℃时使用；－50#柴油适用于气温在－29～－44℃或者低于该温度时使用。

4.2 燃油供给系统的组成及工作原理

燃油供给系统的功用是根据发动机各工况的不同要求，准确地计量空气与燃油的混合比，并将一定数量和压力的汽油直接喷射到气缸或进气歧管中，与进入的空气混合而形成可燃混合气，最后将燃烧做功的废气排入大气。

可燃混合气中空气与燃油的比例称混合气或可燃混合气浓度，通常用过量空气系数和空燃比表示。

（1）空燃比 A/F：可燃混合气中空气质量与燃油质量的比值。

标准混合气：空燃比 $A/F = 14.7$；

浓混合气：$A/F < 14.7$；

稀混合气：$A/F > 14.7$。

（2）过量空气系数 α：燃烧 1 kg 燃油实际供给的空气量（质量）与完全燃烧 1 kg 燃油的理论空气质量的比值。

标准混合气：$\alpha = 1$；

浓混合气：$\alpha < 1$；

稀混合气：$\alpha > 1$。

4.2.1 汽油发动机燃油供给系统

1. 系统组成

汽油发动机燃油供给系统的组成：汽油箱、电动燃油泵、燃油滤清器、输油管、油压调节器、燃油分配管和喷油器等，如图 4－1 所示。

2. 系统类型

（1）有回油管的燃油供给系统，如图 4－2 所示。

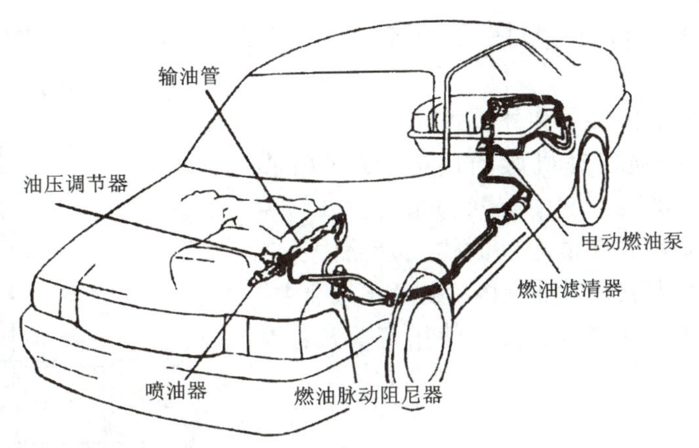

图 4－1 汽油发动机燃油供给系统

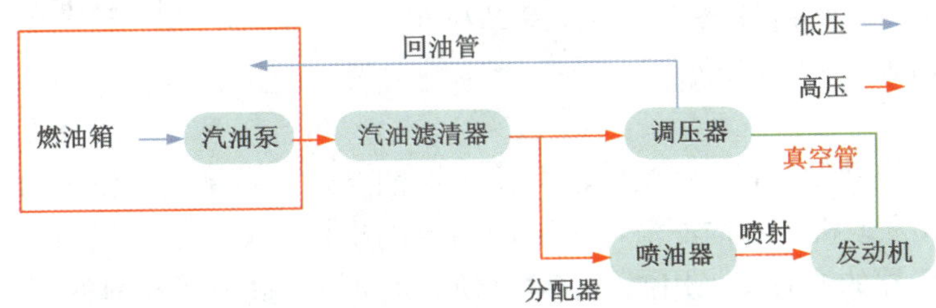

图 4－2 有回油系统

(2)无回油管的燃油供给系统，如图 4－3 所示。

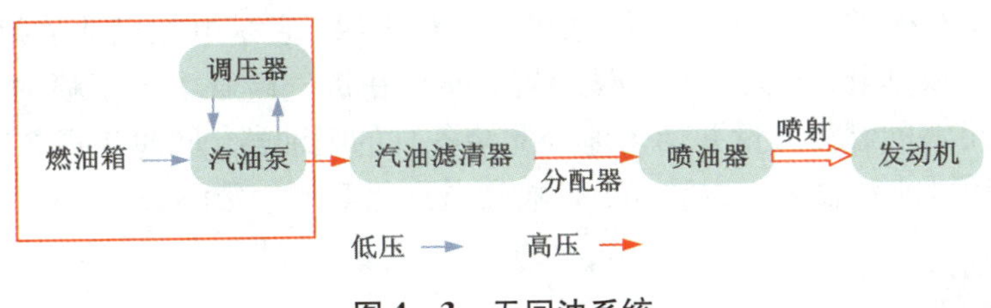

图 4－3 无回油系统

3. 电动燃油泵

(1)作用

电动燃油泵的作用是从油箱中吸入燃油，将油压提高到规定值，然后通过供给系统送到喷油器。电动燃油泵结构如图 4－4 所示。

电动燃油泵为喷油器提供油压高于进气歧管压力 250 ~ 300 kPa 的燃油。

电动燃油泵的最高输出油压为 450 ~ 600 kPa，其供油量比发动机最大耗油量大得多，多余的燃油从回油管返回油箱。

(2)分类

● 按结构与工作原理分：滚柱式、涡轮式、齿轮式和叶片式。

● 按安装位置分：内装式和外装式。

电动燃油泵是电喷发动机燃油供给系统的"心脏"。电动燃油泵在供油系统中有两种布置方式：一是外装式，即燃油泵串联在油箱外的输油管路中；二是内装式，即燃油泵安装在燃油箱内，浸没在汽油中，这样燃油泵容易散热，工作噪声小，使用寿命长，因此应用比较广泛。

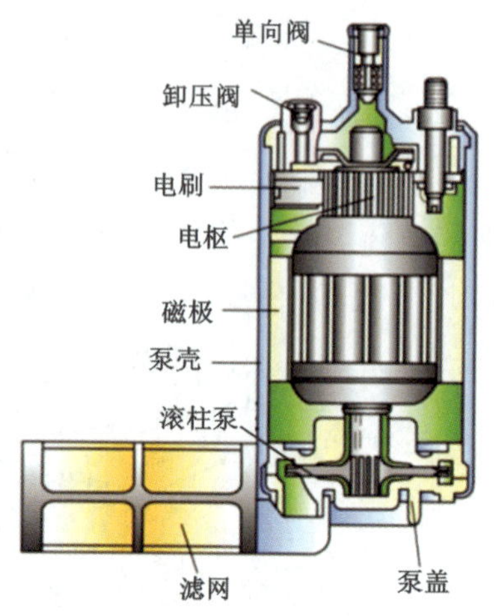

图 4-4 电动燃油泵

4. 燃油滤清器

(1)作用

燃油滤清器的作用是滤清燃油中的杂质和水分，防止燃油系统堵塞，减小机件磨损，保证发动机正常工作。燃油滤清器如图 4-5 所示。

(2)材料

使用化油器的汽油发动机，汽油滤清器位于输油泵进口一侧，工作压力较小，一般采用尼龙外壳；电喷式发动机的汽油滤清器位于输油泵的出口一侧，工作压力较高，通常采用金属外壳。汽油滤清器的滤芯多采用滤纸，也有使用尼龙布、高分子材料的。

汽油滤清器由于汽油发动机的燃烧方式与柴油发动机不同，整体要求不如柴油滤清器苛刻，所以价钱便宜。

5. 燃油分配器

(1)作用

燃油分配器又称燃油导轨或者油轨，如图 4-6 所示，它是电控燃油喷射系统中空气/燃料子系统的一个组成部分，它是一种机械装置，安装在进气歧管上位于喷油器处，它的主要功能是保证提供足够的燃油流量并均匀地分配给各缸的喷油器，同时实现各喷油器的安装和连接。另外，它还可能对燃油压力脉动、燃油高温汽化等产生影响。

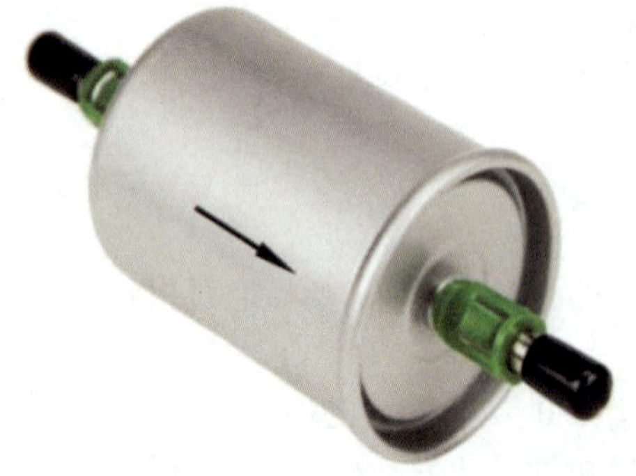

图 4-5 燃油滤清器

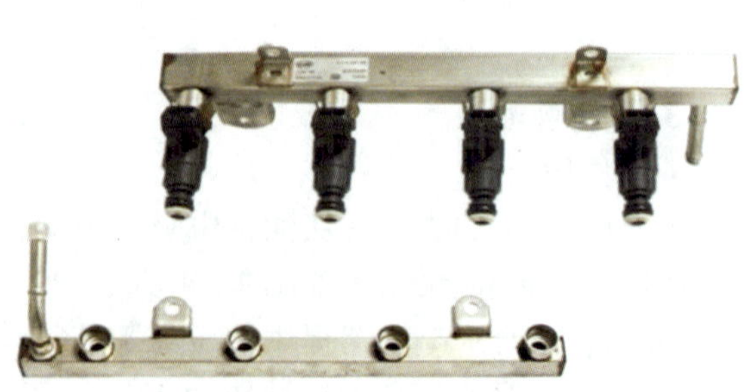

图 4-6 燃油分配器

(2)分类

燃油分配器主要使用在柴油发动机和汽油发动机上，按照加工材质大体分为碳钢、不锈钢、压铸铝、注塑等几类，按照工作压力又分为低压和高压。

目前国内主要燃油分配器生产厂家生产不锈钢类。其他几类因为材料或者工艺特点，几乎全部进口。

6. 油压调节器

油压调节器简称回油阀，如图4－7所示，它是燃油系统内部的燃油压力调节部分，受系统油压与进气歧管压力的控制。它的作用是要自动保持整个油压系统的燃油压力为一定值，使供油总管内油压与进气歧管压力之差为一恒定值。

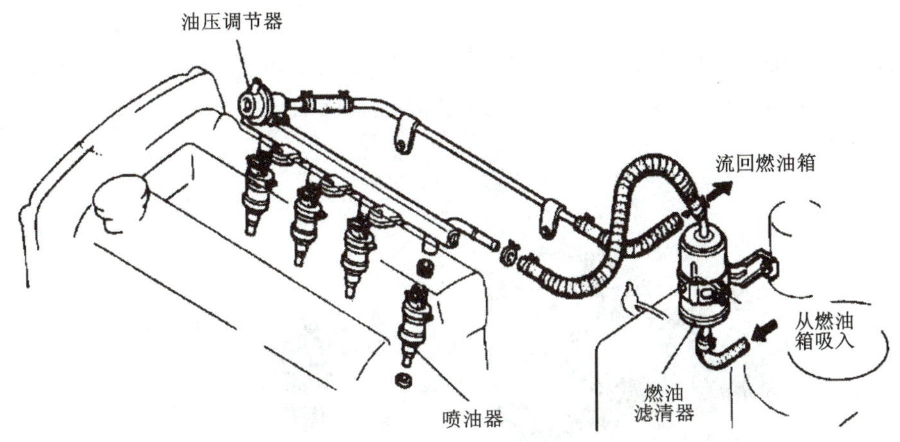

图4－7　油压调节器

7. 喷油器

(1)作用

喷油器根据发动机ECU发出的喷油脉冲信号，将计量精确的燃油适时、适量地喷入节气门附近的进气歧管内，喷油器结构如图4－8所示。

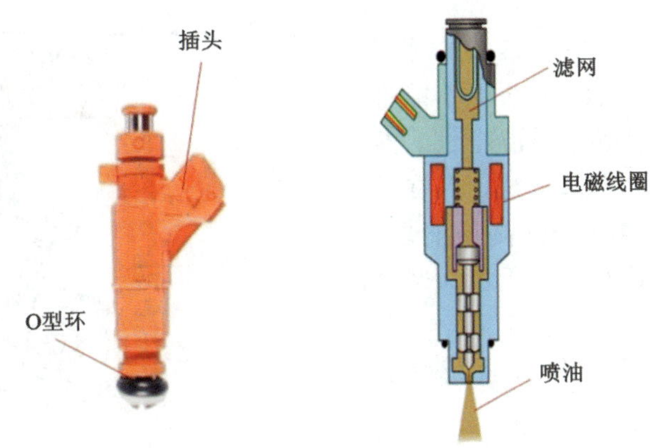

图4－8　喷油器

(2)喷雾特性

喷油器的喷雾特性包括雾化粒度、油雾分布、油束方向、射程和扩散锥角等。这些特性应符合燃油系统的要求，以使混合气形成和燃烧完善，并获得较高的功率和热效率。

(3)工作原理

喷油器是电子控制系统的执行器，电控单元根据发动机不同的运转状况，控制不同的脉冲宽度信号给喷油器，喷油器接受 ECU 送来的喷油脉冲信号，根据信号的长短，精确地控制燃油喷射量。

8. 缸内直喷系统

缸内直喷发动机采用了高压油泵来提高燃油压力。低压油泵将燃油送到高压油泵之后，高压油泵可以将汽油加压到十余兆帕的压力(这是普通汽油泵压力的三四十倍)，并将其送入油轨。

高压油泵通常是由凸轮轴带动，在高压油泵上还集成了电子油轨压力调节器，控制单元通过油压调节器控制着高压燃油泵的进口阀，从而控制燃油压力，如图 4－9 所示。

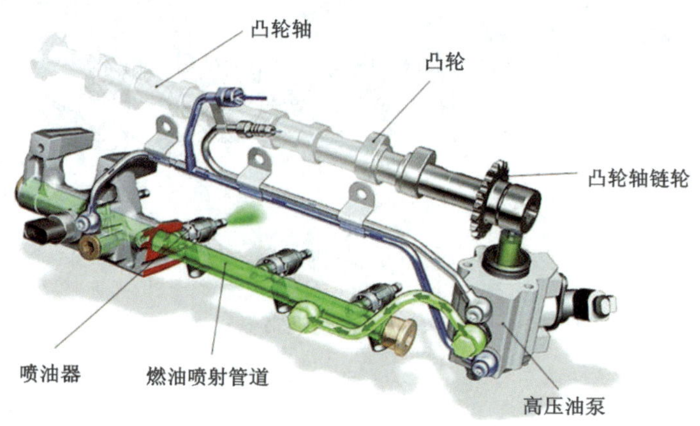

图 4－9　缸内直喷系统

4.2.2　柴油发动机燃油供给系统

柴油机以柴油为燃料。由于柴油的蒸发性和流动性都比汽油差，因此柴油机不能像汽油机那样在气缸外部形成可燃混合气。柴油机的混合气只能在气缸内部形成，即在接近压缩行程终点时，通过喷油器(高压油泵)把柴油喷入气缸内，如图 4－10 所示。柴油油滴在炽热的空气中受热、蒸发、扩散，并与空气混合形成可燃混合气，最终自行发火燃烧。

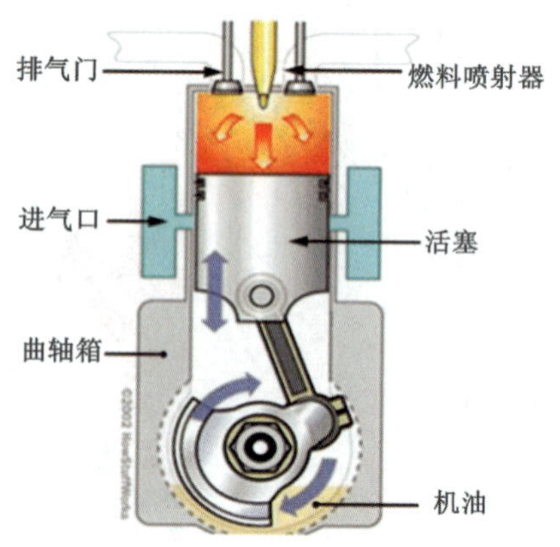

图 4－10　柴油机喷射做功示意图

1. 组成

柴油机燃油供给系统主要由燃油供给装置、空气供给装置、混合气形成装置和废气排出装置4部分组成。

(1)燃油供给装置

燃油供给装置的主要功用是完成燃油的储存、滤清和输送工作，并以一定压力和喷油质量，定时、定量地将燃油喷入燃烧室。其包括喷油泵、喷油器和调速器(它根据柴油机负荷的变化，自动增减喷油泵的供油量，使柴油机能够以稳定的转速运行)等主要部件及燃油箱、输油泵、油水分离器、燃油滤清器、喷油提前器、高压和低压油管等辅助装置，如图4－11所示。

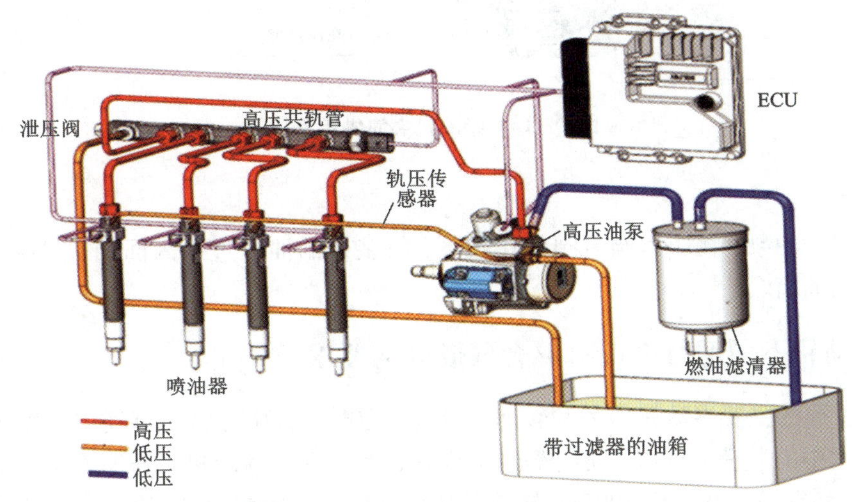

图4－11 柴油机燃油供给系统结构

(2)空气供给装置

空气供给装置的主要功用是供给发动机清洁的空气。

(3)混合气形成装置

柴油机混合气形成装置就是燃烧室，使燃油与空气混合形成混合气。

(4)废气排出装置

废气排出装置的主要功用是在发动机完成做功后排出气缸内的燃烧废气。

2. 工作原理

在输油泵的作用下燃油从油箱吸出，流经燃油滤清器，然后进入高压油泵，在高压油泵的作用下变成高压燃油，再由ECU根据发动机的工作状态，定时、定量将高压燃油经高压油管输送至各个喷油器，在喷油器的雾化下喷入燃烧室。从喷油器、高压共轨管、高压油泵溢流阀出来的剩余燃油经回油管返回油箱，如图4－12所示。

(1)输油

燃油从油箱依次经过滤清器、输油泵、IMV阀到达高压柱塞腔，然后经过增压到达高压油轨。

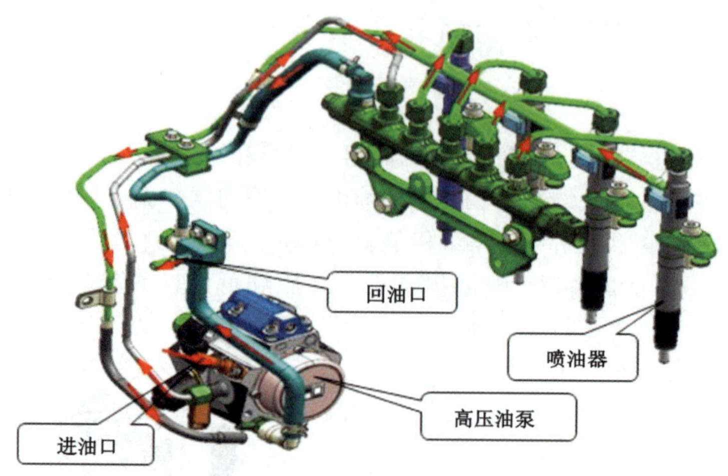

图 4－12 柴油机燃油供给系统

(2)回油

燃油经过输油泵，在压力调节阀的作用下，将多余的油通过泵内回油、限压阀回油、喷油器回油返回油箱。

4.2.3 发动机不同运行工况对混合气成分的要求

发动机工况的主要参数是负荷和转速，转速一定时，负荷可以用节气门开度来衡量。汽车在行驶过程中的载荷、车速、路况等经常变化，因此汽车发动机工作时有以下特点：工况变化范围大，负荷可从0变到100%，转速可从最低稳定转速变到最高转速；在汽车行驶的大部分时间内，发动机在中等负荷下工作，轿车发动机负荷经常是40%～60%，货车则为70%～80%。车用发动机在不同运行工况下对混合气成分的要求简述如下。

1. 起动工况

发动机在冷起动时，因温度低，汽油不易蒸发汽化，加上发动机起动转速低，空气流速很低，汽油雾化不良，致使进入气缸的混合气中汽油蒸气太少，大量汽油呈油粒状态黏附在进气管壁上，从而使混合气过稀而无法燃烧。为此需供给过量空气系数 $\alpha = 0.2 \sim 0.6$ 的浓混合气，才能使进入气缸的混合气浓度在火焰传播界限之内，使发动机能够顺利起动。

2. 怠速工况

怠速是指发动机对外无功率输出的工况，此时混合气燃烧所做的功，只是用以克服发动机内部的阻力，使发动机保持低转速稳定运转。在怠速工况，节气门接近关闭，吸入气缸内的混合气数量很少，气缸内残余废气含量相对较多，混合气被废气严重稀释，使燃烧速度减慢甚至熄火。为此需要供给 $\alpha = 0.6 \sim 0.8$ 的浓混合气，以补偿废气的稀释作用。

3. 小负荷工况

在小负荷工况，节气门开度在25%以内，随着进入气缸内的混合气数量的增多，汽油雾化和蒸发的条件有所改善，残余废气对混合气的稀释作用相对减弱。因此应该供给 $\alpha = 0.7 \sim 0.9$ 的混合气。

4. 中等负荷工况

车用发动机大部分时间在中等负荷下工作，中等负荷工况的节气门开度为25% ~85%。因此应该供给 $\alpha = 1.05 \sim 1.15$ 的经济混合气，以保证发动机有较好的燃油经济性。从小负荷到中等负荷，随着负荷的增加，节气门逐渐开大，混合气逐渐变稀。

5. 大负荷和全负荷工况

节气门接近或达到全开位置(节气门开度达85%以上)，发动机需要获得最大功率的工况，以克服较大的外部阻力或加速行驶。此时应供给 $\alpha = 0.85 \sim 0.95$ 的功率混合气。从中等负荷转入大负荷时，混合气由经济混合气加浓到功率混合气。

6. 加速工况

加速时，驾驶员要快踩加速踏板，使节气门突然开大，以期迅速增加发动机的功率。这时空气流量迅速增加，但是由于汽油的密度比空气密度大得多，即汽油的流动惯性远大于空气的流动惯性，致使汽油流量的增加比空气流量的增加滞后一段时间。而且节气门开大，进气歧管的压力增加，不利于汽油的蒸发汽化。因此，在节气门突然开大时，将会出现混合气瞬时变稀的现象。这不仅不能使发动机功率增加、汽车加速，反而有可能造成发动机熄火。为了避免这种现象发生，在节气门突然开大空气流量迅速增加的同时，需要快速额外地供给一定数量的汽油，使混合气得到加浓。

4.3 电控汽油喷射系统

电控汽油喷射系统一般由燃油供给系统、空气供给系统和电子控制系统三部分组成。

4.3.1 电控汽油喷射系统的类型

1. 按喷射方式不同分类

(1)间歇喷射或脉冲喷射式。在发动机运转时，将汽油间歇地喷入进气管内，喷射持续时间对应所控制的喷油量。在多点电控燃油喷射系统中，按各缸喷油器的喷射顺序又可分为顺序喷射、分组喷射和同时喷射。

(2)连续喷射或稳定喷射式。在发动机运转时，汽油连续不断喷射在进气管道内，而且大部分的燃油是在进气门关闭后喷射的，因此大部分燃油也是在进气道内蒸发的，K型、KE型和大部分单点喷射系统采用这种喷射方式。

2. 按汽油喷射位置分类

(1)缸内喷射。喷油器直接安装在发动机缸盖上，将汽油直接喷射到气缸内，配合缸内的气体流动形成可燃混合气，可实现分层燃烧和稀混合气燃烧。缸内喷射是正在研究和开发的发动机新技术，可进一步提高经济性和降低排放。

(2)进气管喷射。是目前普遍采用的喷射方式，根据喷油器数量和安装位置的不同又可分单点喷射方式(SPI)，也称为单点节气门体喷射方式，和多点喷射方式(MPI)，如图4-13所示。

3. 按空气流量的测量方式分类

(1)D型电控汽油喷射系统。通过检测进气歧管的压力(真空度)和发动机转速，推算发

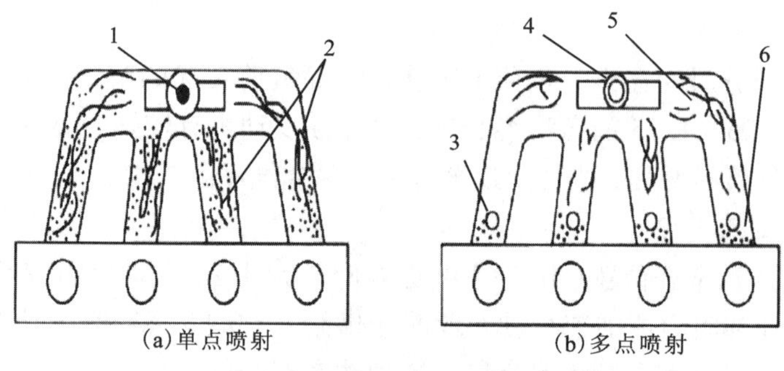

图 4－13　电控汽油喷射系统喷射位置

1—节气门体喷油器；2—混合气；3—喷油器；4—节气门；5—进气；6—进气歧管喷射

动机吸入的空气量，并计算确定基本喷油量。D 型电控汽油喷射系统组成如图 4－14 所示。

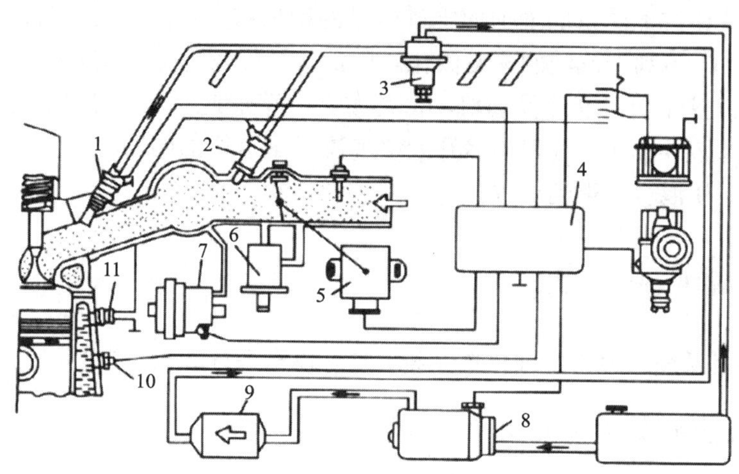

图 4－14　D 型电控燃油喷射系统

1—喷油器；2—冷起动喷油器；3—燃油压力调节器；4—电控单元(ECU)；5—节气门位置传感器；6—怠速控制阀；7—进气压力传感器；8—电动汽油泵；9—汽油滤清器；10—水温传感器；11—热时间开关

(2)L 型电控汽油喷射系统。利用空气流量计直接测量发动机的进气量，测量的准确程度高于 D 型，故可更精确地控制空燃比。L 型电控汽油喷射系统组成如图 4－15 所示。

4.3.2　冷起动喷油器和热时间开关

冷起动喷油器安装在进气总管上，其功用是发动机在低温起动时喷油，以改善发动机的低温起动性能，冷起动喷油器是电磁式喷油器。

热时间开关的功能是控制冷起动喷油器的喷油时间。它是一个中空的螺钉，旋装在能表征发动机热状态的位置上(如发动机冷却液出口处)，根据其受加热的程度来控制冷起动喷油器的开启持续时间。当热时间开关上的双金属片受热到一定程度时，金属片受热变形，触点张开，使通往冷起动喷油器的电路断开。这时，冷起动喷油器不再喷射燃油，因此冷起动喷油器的开启持续时间取决于热时间开关的受热程度。例如，有的热时间开关设定为 －20℃时，最大的开启持续时间为 7.5 s，随着(发动机冷却液)温度上升，开启持续时间将逐渐减

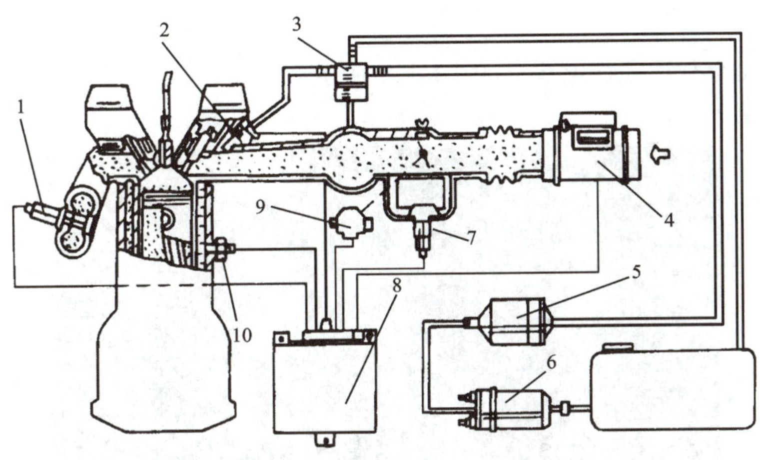

图 4－15 L 型电控燃油喷射系统

1—氧传感器；2—喷油器；3—燃油压力调节器；4—空气流量计；5—汽油滤清器；
6—电动汽油泵；7—怠速控制阀；8—电控单元(ECU)；9—节气门位置传感器；10—冷却液温度传感器

小。当(发动机冷却液)温度达 35℃时，冷起动喷油器便停止喷油。在发动机处于正常的热状态下起动时，热时间开关一直处于断开状态，冷起动喷油器不喷射燃油(热车起动，不需要加浓)。现代车辆为了提高控制精度，取消了冷起动喷油器，由 ECU 根据起动信号和温度信号，加大喷油脉冲宽度，增加喷油量，加浓混合气来进行替代。

4.4 燃油滤清器更换(VR)

操作微课

VR操作

1. 准备工具和耗材

(1)拆装工具；
(2)灭火器、安全告示牌；
(3)防护套件；
(4)护目镜；
(5)防尘口罩；
(6)燃油滤清器等配件。

2. 预检工作

(1)记录车辆信息(即：VIN 码、生产日期、发动机型号、行驶里程等)；
(2)查阅维修手册，记录相关信息；
(3)连接尾气排放管；
(4)做好车内防护，并降下驾驶侧车窗，拉起发动机舱盖释放杆(下车时应当关好车门)；
(5)做好车外防护，设置好安全警示。

3. 操作过程

(1)拔出燃油泵保险或继电器，如图 4－16 所示；

图 4－16　拔出燃油泵保险或继电器

(2)打开点火钥匙至起动挡，直到车辆无法起动为止，关闭点火钥匙；

(3)断开蓄电池负极，收好尾气排放管，如图 4－17 所示；

图 4－17　断开蓄电池负极

(4)安全举升车辆；

(5)将垃圾桶放在燃油滤清器下方，拆下燃油滤清器，如图4-18所示；

图4-18 拆下燃油滤清器

(6)安装新燃油滤清器(注意安装方向及管路连接要求)，安装固定螺栓，并紧固至规定力矩，如图4-19所示；

(7)安全降下车辆；

(8)安装燃油泵保险或继电器；

(9)安装蓄电池负极，如图4-20所示；连接尾气排放管；

(10)起动车辆，怠速运转5分钟；

(11)安全举升车辆；

(12)检查是否有燃油泄漏；

(13)安全降下车辆；

(14)车辆初始化设定，如：日期、时钟，车窗等。

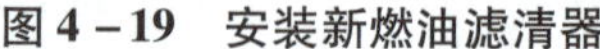

图 4－19　安装新燃油滤清器

图 4－20　安装蓄电池负极

4. 结束工作

(1)清洁发动机舱内部;

(2)收防护套件，关闭发动机舱盖;升起车窗(钥匙应当带出车辆);

(3)填写工单;

(4)清理好一次性用品;

(5)收好尾气排放管;

(6)整理现场。

单元练习

一、选择题

1. 空燃比大于 14.7 的混合气为(　　)混合气。

A. 浓　　B. 稀　　C. 理论　　D. 功率

2. 过量空气系数小于 1 的混合气为(　　)混合气。

A. 浓　　B. 稀　　C. 理论　　D. 经济

3. 汽油箱内与大气应(　　)。

A. 相通　　B. 密封　　C. 必要时相通　　D. 必要时密封

4. 汽油的使用性能指标主要包括(　　)。

A. 抗爆性　　B. 蒸发性　　C. 腐蚀性　　D. 以上都包括

5. 可燃混合气中空气质量与燃油质量的比值标准是多少(　　)。

A. 12.7　　B. 13.7　　C. 14.7　　D. 15.7

二、判断题

1. 过量空气系数越大，则可燃混合气的浓度越浓。(　　)

2. 过量空气系数为 1.3 ~ 1.4 称为火焰传播上限。(　　)

3. 缸内直喷式发动机就是喷油器直接将燃油喷入气缸内。(　　)

4. 车用汽油机在正常运转时，要求供给的可燃混合气的浓度随负荷的增加而由浓变稀。(　　)

5. 汽油机燃用的是汽油蒸气与空气的混合物，所以汽油的蒸发性越好，汽油机的动力性越好。(　　)

5 润滑系统

学习目标

- 熟悉润滑系统的作用及组成。
- 熟悉机油泵的类型及作用。
- 熟悉机油滤清器的结构及作用。
- 了解机油的选用。

5.1 润滑系统的作用及分类

发动机工作时，运动零件的相互运动表面（如曲轴与主轴承、活塞与气缸壁、正时齿轮副等）之间必然产生摩擦，金属表面之间的摩擦不仅会增大发动机内部的功率消耗，使零件工作表面迅速磨损，而且由于摩擦产生的大量热可能导致零件工作表面烧损，致使发动机无法运转。因此，为保证发动机正常工作，必须对相对运动表面加以润滑，也就是在摩擦表面上覆盖一层润滑油（机油）使金属表面间形成一层薄的油膜，以减小摩擦阻力，降低功率损耗，减轻机件磨损，延长发动机使用寿命。

发动机的润滑是由润滑系统来实现的。润滑系统的基本任务是将机油不断地供给各零件的摩擦表面，减少零件的摩擦和磨损。流动的机油不仅可以清除摩擦表面上的磨屑等杂质，而且还可以冷却摩擦表面。气缸壁和活塞环上的油膜还能提高气缸的密封性。此外，机油还可以防止零部件腐蚀而生锈。

发动机运转时，由于发动机各运动零件的工作条件不同，所要求的润滑强度也不同，因而要相应地采取不同的润滑方式。曲轴主轴承、连杆轴承及凸轮轴轴承等处承受的载荷及相对速度较大，需要以一定压力将机油输送至摩擦面间隙中，才形成油膜保证润滑。这种润滑方式称为压力润滑。另一种润滑方式是利用发动机工作时运动零件飞溅起来的油滴或油雾润滑摩擦表面，称为飞溅润滑。飞溅润滑可润滑裸露在外面的载荷较轻的气缸壁、相对滑动较小的活塞销以及配气机构的凸轮表面等。在发动机辅助系统中有些零件如水泵及发电机的轴承，则只需定期加注润滑脂。

为使发动机得到必要的润滑，压力润滑系统中必须具有为进行压力润滑和保证机油循环而建立足够油压的机油泵、贮存机油的容器油底壳、由润滑油管以及在发动机机体上加工出的一系列润滑油道组成的循环油路等。油路中还必须有限制最高油压的装置限压阀，它可以附于机油泵中，也可以单独设置。

机油在工作一段时间后，其中将混有发动机零件摩擦产生的金属磨屑和其他机械杂质，以及机油本身生成的胶质，这些杂质若随同机油进入润滑油路，将加速发动机零件的磨损，还可能堵塞油管或油道。为了不使这些杂质进入主油道，现代发动机的润滑系中都设有机油滤清器。

机油在循环过程中，由于吸收零件摩擦所产生的热量会引起温度升高。若机油温度过高，则其黏度下降，摩擦表面油膜不易形成，此外，还会加速机油老化变质，缩短机油使用期。过低的机油温度，虽能有利于保持油膜，但将导致摩擦阻力增加。因此，应对机油进行适当冷却，以保持油温在正常范围之内(70～90℃)。一般发动机是靠汽车行驶中的迎面空气流吹拂油底壳来使机油冷却的。在有些热负荷较高的发动机上，则专设有机油散热器，以加强机油冷却。

为使驾驶员能随时掌握润滑系的工作状况，一般发动机都设有机油压力指示灯，有些发动机还备有机油温度指示表。

5.1.1 润滑系统的作用

润滑系统的作用是在发动机工作时连续不断地把数量足够、温度适当且洁净的润滑油(也称为机油)输送到各传动件的摩擦表面，在摩擦表面形成油膜，实现液体摩擦，减小摩擦阻力，降低功率消耗，以达到提高发动机工作可靠性和耐久性的目的。润滑系统中的润滑油除了润滑以外，还具有冷却、清洗、密封、防锈等作用。

(1)润滑：减小零件的摩擦、磨损和功率消耗。

(2)清洁：传动件的磨损铁屑从零件表面通过润滑油的流动被带回到油底壳。

(3)冷却：润滑油流经零件表面时可吸收其热量并将部分热量带回到油底壳散入大气中。

(4)密封：发动机气缸壁与活塞、活塞环与环槽之间间隙中的油膜，减少了气体的泄漏，起到了密封作用。

(5)防蚀：避免了零件与水、空气、燃气等的直接接触，起到了防止或减轻零件锈蚀和化学腐蚀的作用。

5.1.2 润滑系统润滑方式分类

发动机的润滑方式有三种：压力润滑、飞溅润滑和润滑脂润滑。

1. 压力润滑

压力润滑是利用机油泵，将具有一定压力的润滑油源源不断地送往摩擦表面，如图 5－1 所示。用于工作载荷大、相对速度高的运动表面，如曲轴主轴承、连杆轴承、凸轮轴轴承等。

2. 飞溅润滑

飞溅润滑利用发动机工作时运动零件飞溅起来的油滴或油雾来润滑摩擦表面。适用于载荷较轻、相对速度较低的运动件表面，如活塞、气缸壁、凸轮、正时齿轮、摇臂、气门等，如图5－2所示。

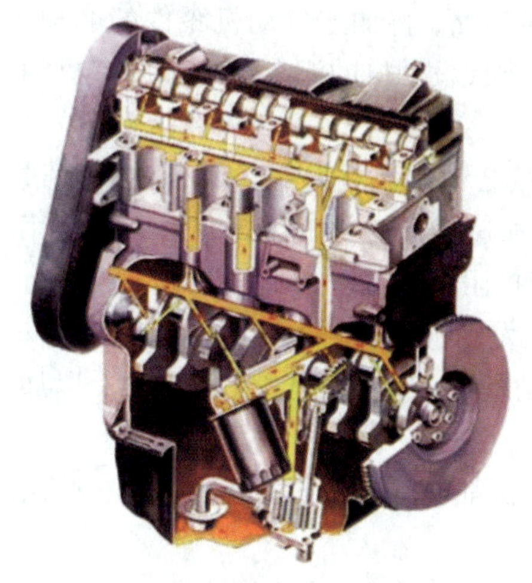

图5－1　压力润滑

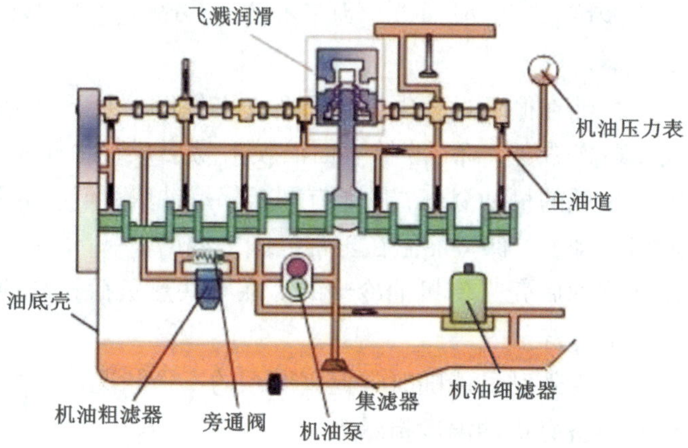

图5－2　飞溅润滑

3. 润滑脂润滑

发动机辅助系统中有些零件则只需定期加注润滑脂进行润滑，例如水泵及发电机轴承等。近年来，有采用含有耐磨润滑材料(如尼龙、二硫化钼等)的轴承来代替加注润滑脂的轴承的趋势。

5.2　润滑系统的组成及工作原理

发动机润滑系统大体相同，主要由油底壳、机油泵、机油滤清器、各种阀、润滑油道、传感器、机油压力表及温度表等组成，如图5－3所示。

1. 油底壳

油底壳安装在发动机底部，如图5－4所示，主要用于储存润滑油，早期汽车发动机的油底壳采用薄刚板冲压而成，现在汽车发动机的油底壳一般是铝合金铸造而成，以提高散热性能。油底壳中通常设计有挡油板，减轻油面波动，有些发动机的油底壳中集成有吸油管。油底壳底部安装有磁性的放油螺栓，以吸附机油中的铁屑，防止其进入主油道。有些发动机的油底壳中还安装有机油油位传感器。

2. 机油泵

机油泵的功用是保证润滑油在润滑系统内循环流动，并在发动机任何转速下都能以足够的压力向润滑部位输送足够多的润滑油。按结构形式分，机油泵可分为齿轮式和转子式两类。

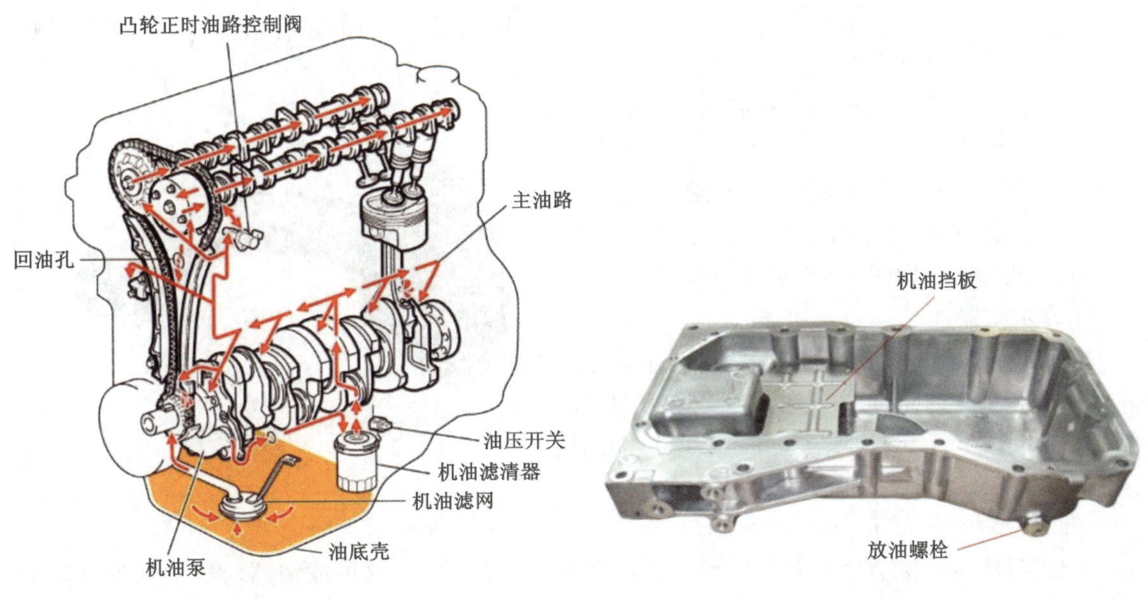

图 5－3 润滑系统结构

图 5－4 油底壳

转子式机油泵一般由泵体、内转子、外传子、泵盖、限压阀等部件组成，泵体或泵盖上加工有进油槽。内转子固定在曲轴上（或机油泵传动轴）。外转子自由地安装在泵体内，并与内转子啮合转动，内、外转子之间有一定的偏心距。转子式机油泵内转子一般有 4 个或 4 个以上的凸齿，外转子的凹齿数比内转子的凸齿数多一个，转子的外廓形状曲线为摆线，如图 5－5 所示。它们与机油泵体和泵盖组成了真空腔、进油腔、过渡油腔和出油腔。

齿轮式机油泵有一对相互啮合的齿轮，随着齿轮转动，机油被进油腔吸入，被出油腔压出，如图 5－6 所示。

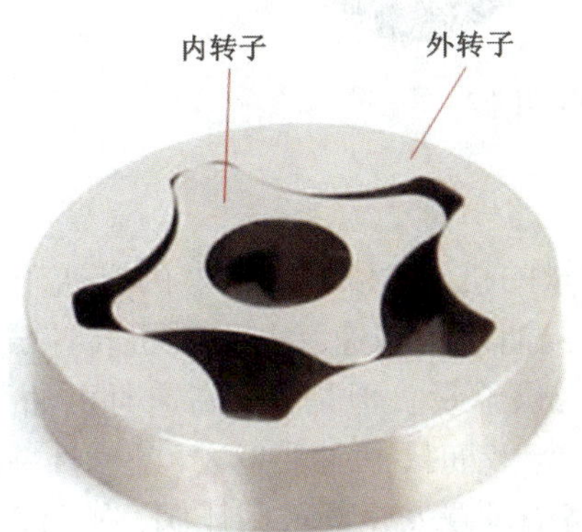

图 5－5 转子式机油泵

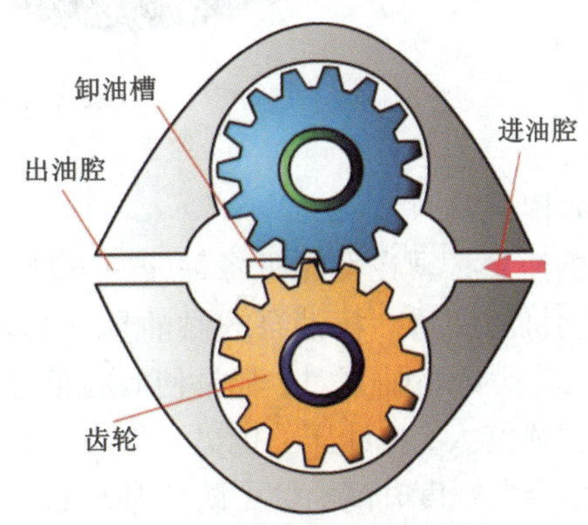

图 5－6 齿轮式机油泵

3. 机油滤清器

使循环流动的机油在送往运动零件表面之前，滤去机油中的金属屑和大气中的尘埃及燃料燃烧不完全所产生的炭粒。

机油滤清器分为集滤器、粗滤器、细滤器等几类。

(1)集滤器

机油集滤器用以防止较大的机械杂质进入机油泵。机油集滤器也称“滤网”，安装在机油泵进油口的前面，如图5－7所示。

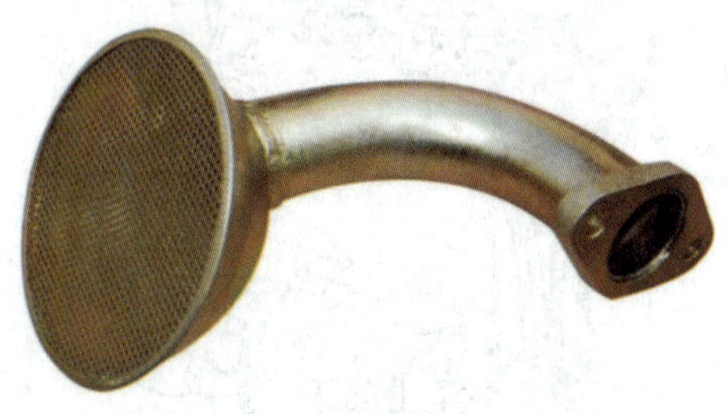

图5－7　机油集滤器

(2)粗滤器

粗滤器用以滤去机油中粒度较大(直径为0.05 mm以上)的杂质。它对机油的流动阻力较小，故可串联于机油泵与主油道中间，属于全流式滤清器。

(3)细滤器

细滤器用以清除直径在0.001 mm以上的细小杂质。由于这种滤清器对机油的流动阻力较大，故将其做成分流式，即与主油道并联，只有少量机油通过细滤器，如图5－8所示。

图5－8　机油细滤器实物图

4. 限压阀

机油泵必须在发动机各种转速下都能供给足够数量的机油，以维持足够的机油压力，保证发动机的润滑。机油泵的供油量与其转速有关，而机油泵的转速又与发动机转速成正比。因此，在设计机油泵时，都是使其在低速时有足够大的供油量。但是，在高速时机油泵的供油量明显偏大，机油压力也显著偏高。另外，在发动机冷起动时，机油黏度大，流动性差，机油压力也会大幅度升高。为了防止油压过高，在润滑油路中设置安全阀或限压阀，如图5－9所示。一般安全阀装在机油泵或机体的主油道上。当安全阀安装在机油泵上时，如果油压达到规定值，安全阀开启，多余的机油返回机油泵进口。如果安全阀安装在主油道上，则当油压达到规定值时，多余的机油经过安全阀流回油底壳。

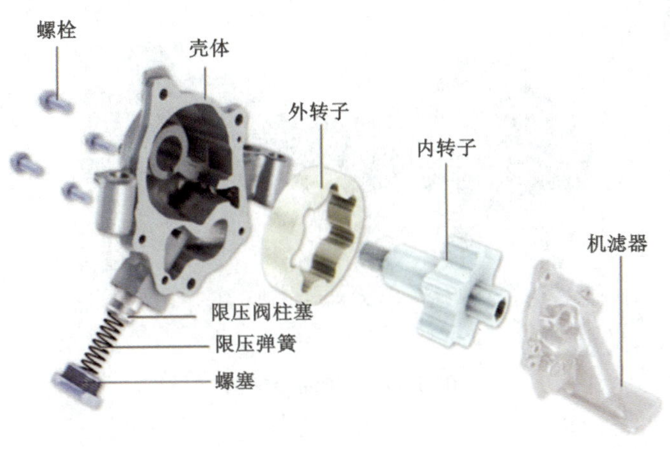

图 5－9　限压阀

5. 旁通阀

通常机油和机油滤清器需在行驶 5000～10000 km 或 6 个月时更换（厂家保养手册中有相应的标准），为防止机油过脏堵塞机油滤清器，在滤清器内部设有旁通阀，滤芯堵塞后，机油经过旁通阀直接送出，如图 5－10 所示。

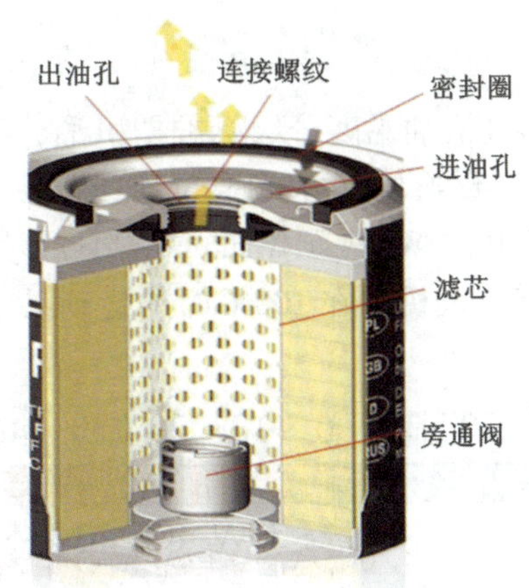

图 5－10　旁通阀

6. 机油冷却器

在高性能大功率的发动机上，由于热负荷大，必须装设机油冷却器。机油冷却器布置在润滑油路中，其工作原理与散热器相同，如图 5－11 所示。

发动机机油冷却器分为风冷式和水冷式两类。风冷式机油冷却器很像一个小型散热器，利用汽车行驶时的迎面风对机油进行冷却。这种机油冷却器散热能力大，多用于赛车及热负荷大的增压汽车上。但是风冷式机油冷却器在发动机起动后需要很长的暖机时间才能使机油达到正常的工作温度，所以普通轿车上很少采用。

水冷式机油冷却器外形尺寸小，布置方便，且不会使机油冷却过度，机油温度稳定，因而在轿车上应用较广。

图 5－11　机油冷却器

5.3　发动机机油的选用

黏度是发动机机油黏滞性的标准。它取决于机油温度，即温度越高黏度越低。其中机油温度又取决于车辆运行时的环境温度。

当车外温度很低时，机油不能过于黏稠，以保证发动机温度低时可迅速对润滑点供油。当机油或者发动机温度很高时，机油必须能够保持一定的黏度，以便形成足够厚的润滑油膜。

1. SAE 机油黏度分级标准

SAE(国际自动机工程师学会)机油黏度分级标准把机油分为高温黏度级号和低温黏度级号，级号末尾带 W 的为低温黏度级号，数字表示黏度值(图 5－12)。机油分级之后的标号表示其黏度规格，例如“15W－40”中，“W”表示 Winter(冬季)，其前面的数字越小说明机油的低温流动性越好。W 后面的数字代表机油在 100℃时的运动黏度，数值越高说明黏度越高。

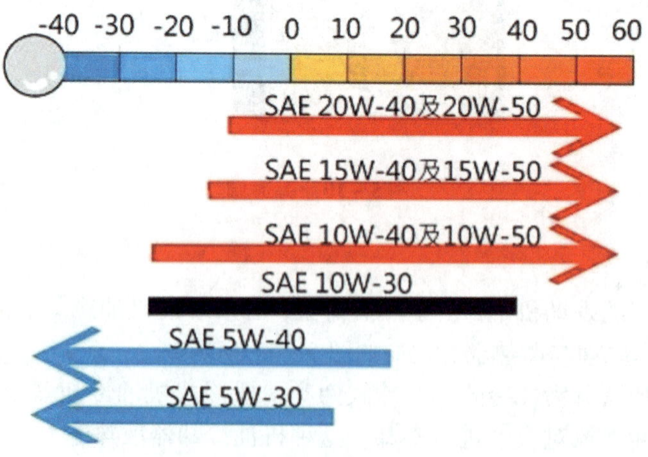

图 5－12　SAE 机油黏度分级标准

(1)单级油

对 -18℃和 100℃所测得的黏度值能满足其中之一者，称为单级油。

按 -18℃(冬用)所测得的黏度值发动机机油分为 0W、5W、10W、15W、20W、25W 等六个级别；按 100℃(春、夏、秋用)所测得的黏度值发动机机油分为 20、30、40 和 50 四个级别。

(2)多级油

能同时满足 -18℃和 100℃两方面黏度要求的机油，称为多级油(即稠化油)。

多级油牌号标记为 5W-20、10W-30、15W-40、30W-40 等。这种机油，可以适应一定温度变化的区域，因此，可在某一地区范围冬夏通用。

例如：标号为 SAE 15W-40 的机油，可以使用在 -20～40℃的温度范围。

2. API 法分类

机油质量按 API 等级划分。API 是美国石油学会的英文缩写，它采用简单的代码来描述发动机机油的工作能力。API 发动机机油分为两类：S 系列代表汽油发动机用油；C 系列代表柴油发动机用油；当 S 和 C 两个字母同时存在，则表示此机油为汽柴油机通用型。如 S 在前，则主要用于汽油发动机。反之，则主要用于柴油发动机。

美国石油学会的质量等级标准即 API 如图 5-13 所示，SE 标准最低，SN 标准最高。

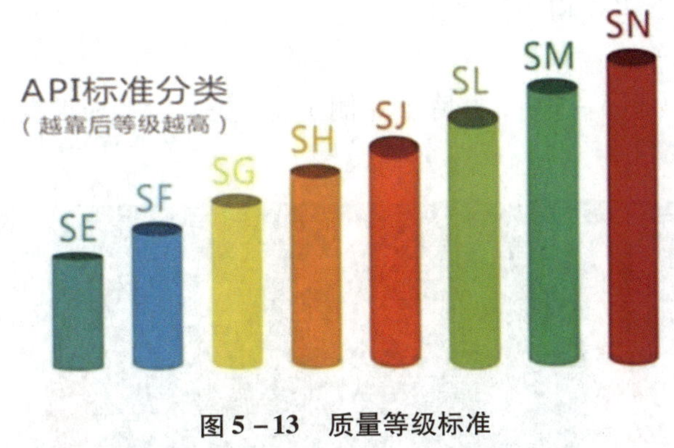

图 5-13 质量等级标准

5.4 废机油处理不当对环境的影响

在工业生产和日常生活中，不可避免地会产生各种废机油。废机油是指机油在各种机械、车辆、船舶和设备的使用过程中，由于受到氧化、热分解作用和杂质污染，其理化性能达到各自的换油指标而被换下来的废油。润滑油在使用过程中受外界污染会产生大量胶质、氧化物从而降低乃至失去其控制摩擦、减少磨损、冷却降温、密封隔离、减轻振动等功效，而变成废机油，是已经使用过的、全部或者部分由矿物油或合成碳氢化合物(合成油)、贮油罐残余物、油和水的混合物以及乳浊液组成的半固体或液状产品。废机油按来源分类可分为废内燃机油、废齿轮油、废液压油、废变压器油、废压缩机油、废汽轮机油、废热处理油等。对于人类自身，废机油中所含致癌、致突变、致畸物质，及废酸、重金属等物质，对人体危害极大，会使人类患癌率及婴儿畸形率增高。其中有机化合物如芳香烃类很多对身体有毒害作用，这些物质不仅会停留在肺里，还会进入血液运行全身，会干扰人的造血系统、神经系统，导致血液贫血、血小板减少等。

5.5 发动机机油、机油滤清器的更换(VR)

操作微课

VR操作

1. 准备工具和耗材

(1)套筒;

(2)接杆、棘轮扳手;

(3)扭力扳手;

(4)车内、外防护件;

(5)手套;

(6)抹布。

2. 预检工作

(1)记录车辆信息(即:VIN 码、生产日期、发动机型号、行驶里程等);

(2)查找维修手册,记录相关信息;

(3)连接尾气排放管;

(4)做好车内防护(图 5-14),并降下左侧车窗,拉起发动机舱盖释放杆(下车时应当关好车门);

图 5-14 做好车内防护

(5)做好车外防护,并检查三液(即:机油、冷却液、制动液)。

3. 操作过程

(1)起动发动机,预热;预热后关闭点火钥匙,如图 5-15 所示;

(2)将机油加注口盖拧松;收起尾气排放管;

(3)安全举升车辆;

(4)将机油车推到相应的位置,选择合适的工具排放机油,如图 5-16、图 5-17 所示;

(5)清洁排放塞以及排放孔,更换密封垫;

图 5－15 预热发动机

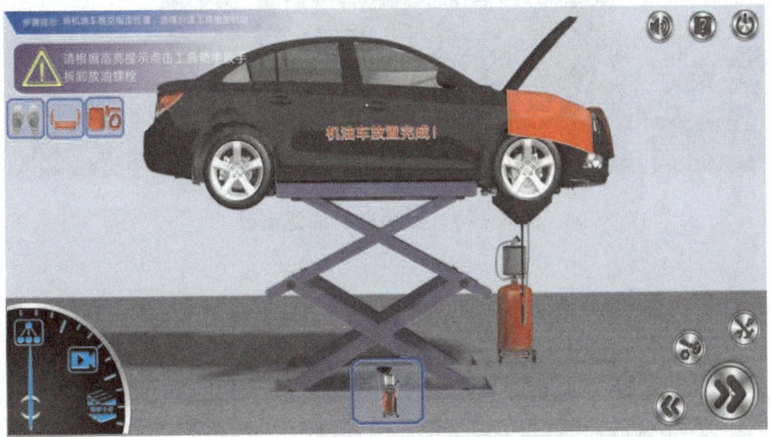

图 5－16 机油车放置正确位置

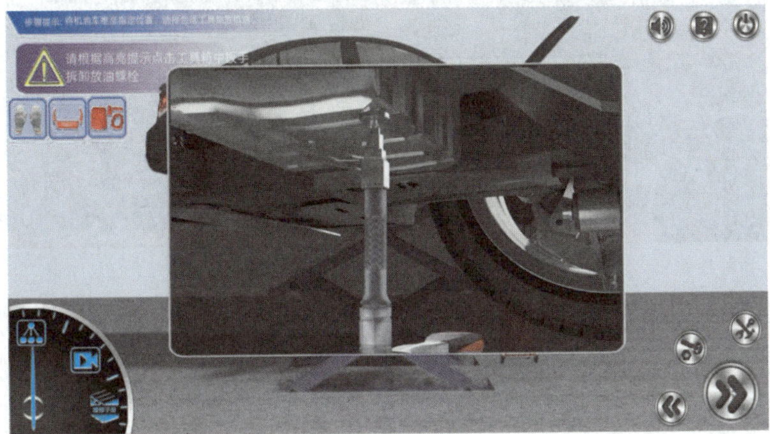

图 5－17 选择合适的工具排放机油

(6)安装排放塞，并紧固至相应的扭矩；再次清洁排放塞；

(7)安全降下车辆；连接尾气排放管；

(8)拆卸机油滤清器(旧机油滤清器应当放入回收桶)；

(9)清洁机油滤清座；

(10)安装新机油滤清器，并紧固至相应的扭矩(新机油滤清器密封圈上应当涂抹机油)，如图 5 - 18 所示；

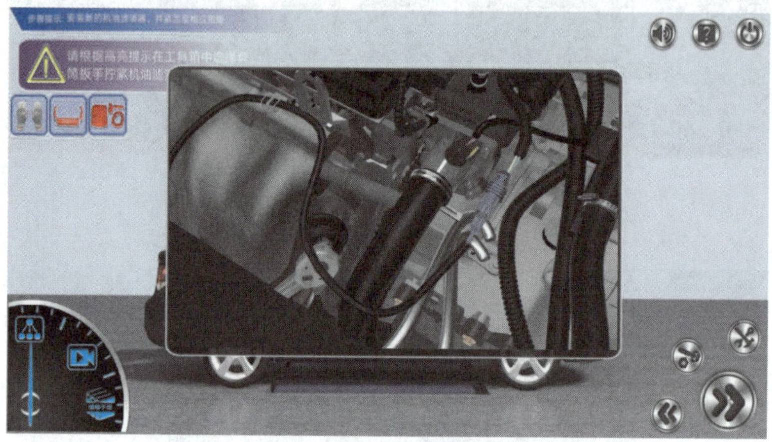

图 5 - 18　安装新机油滤清器

(11)加注新的发动机机油，检查机油刻度尺，如图 5 - 19 所示；

图 5 - 19　加注新机油

观察机油标尺上油迹(图 5 - 20)：

a 点：液位过高　　b 点：液位正常　　c 点：液位过低

(12)起动发动机，正常运转 5 分钟后，关闭点火钥匙，收起尾气排放管；

(13)安全举升车辆；

(14)检查排放塞处是否有机油泄漏，如图 5 - 21 所示；

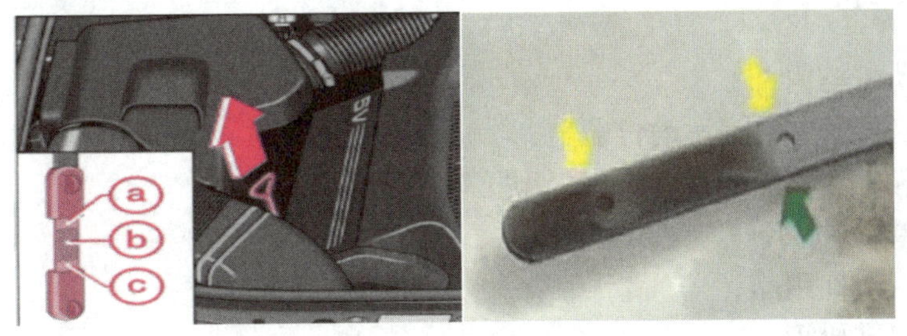

图 5－20 检查机油标尺

图 5－21 检查排放塞处是否有机油泄漏

(15)安全降下车辆；

(16)检查机油滤清器处是否有机油泄漏，如图 5－22 所示。

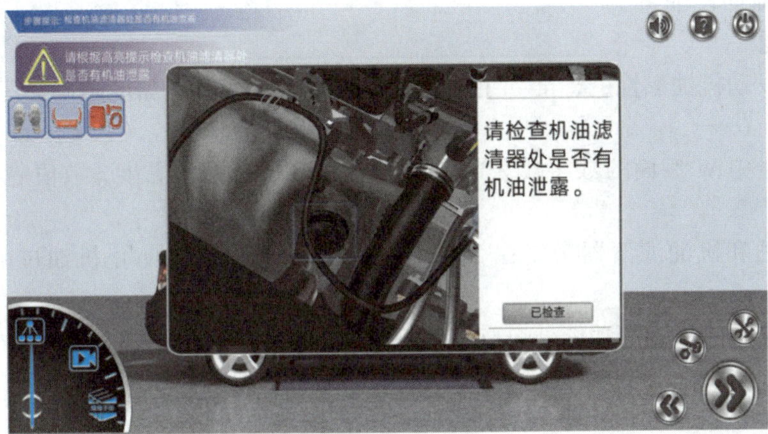

图 5－22 检查机油滤清器处是否有机油泄漏

4. 结束工作

(1)清洁发动机舱内部;

(2)收车外三件套,关闭发动机舱盖;

(3)收车内五件套,升起左侧车窗(钥匙应当带出车辆);

(4)填写工单;

(5)清理好一次性用品;

(6)收好尾气排放管;

(7)整理现场。

单元练习

一、选择题

1. 5W－30 号的机油适用的环境温度是多少摄氏度?(　　)

A. －15℃　　B. －20℃　　C. －25℃　　D. －30℃

2. 下列属于汽油机机油级别的是哪个?(　　)

A. SA　　B. AC　　C. CA　　D. AS

3. 活塞与气缸壁之间的润滑方式是(　　)。

A. 压力润滑　　B. 飞溅润滑

C. 润滑脂润滑　　D. 压力润滑和飞溅润滑同时进行

4. 以下不属于润滑油的作用的是(　　)。

A. 冷却　　B. 润滑　　C. 防冻　　D. 清洗

5. 在发动机运行时,当机油滤清器堵塞时,旁通阀打开,(　　)。

A. 使机油不经滤芯,直接流回油底壳

B. 使机油直接进入细滤器

C. 使机油直接流入主油道

D. 使机油流回机油泵

二、判断题

1. 黏度是发动机油黏性的标准。主要取决于温度,温度越高黏度越高,其中温度主要取决于环境温度。(　　)

2. 机油标号中 W 后面的数字代表的是机油在 100℃ 的运动黏度,数值越高说明黏度越高。(　　)

3. 通常机油和机油滤清器需要在 5000～10000 km 更换,为防止机油过脏损坏发动机。(　　)

4. 润滑系统中除了润滑功能外还有清洁、冷却、密封、防腐蚀等作用。(　　)

5. 油底壳中的磁性放油螺栓,主要是用来放净机油,无其他作用。(　　)

6 冷却系统

学习目标

- 了解发动机冷却系统的作用。
- 熟悉发动机冷却系统的工作原理。
- 了解发动机冷却液的组成和种类。
- 掌握冷却液的冰点及检查方法。

6.1 冷却系统的作用

冷却系统的作用就是保持发动机在最适宜的温度范围内工作，如图 6－1 所示。

发动机工作时，气缸内的温度可高达 1950～2550 ℃；若不及时冷却，将造成发动机零部件温度过高，尤其是直接与高温气体接触的零件，会因热膨胀而影响正常的配合间隙，导致运动件受阻甚至卡死。此外，高温还会造成发动机零部件的机械强度下降，使润滑困难，从而造成发动机的磨损加剧，动力性和燃油经济性下降。但冷却过度会造成发动机过冷，导致散热损失及摩擦损失增加，零件磨损加剧，排放恶化，也会导致发动机功率下降及燃料消耗率增加。所以，冷却系统既要防止发动机过热，也要防止冬季发动机过冷。

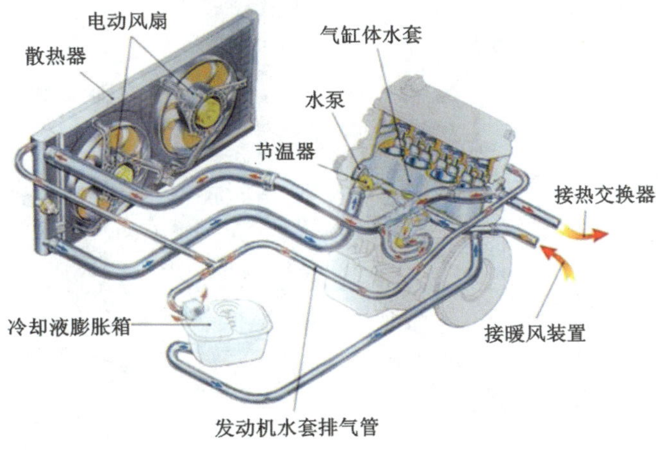

图 6－1 冷却系统

根据采用的冷却介质的不同，冷却系统可分为风冷和水冷，如图 6－2 所示。

早期的汽车采用风冷技术，但现代的汽车几乎不使用这种方法了。风冷冷却方法不是在发动机中进行液体循环，而是通过发动机缸体表面附着的金属散热片对气缸进行散热。用一个功率强大的风扇向这些散热片吹风，使其向空气中散热，从而达到冷却发动机的目的。

液冷式汽车的冷却系统通过发动机中的管道和通路进行液体的循环。当液体流经高温发动机时会吸收热量，从而降低发动机的温度。液体流过发动机后，转而流向热交换器(或散热器)，液体中的热量通过热交换器散发到空气中。

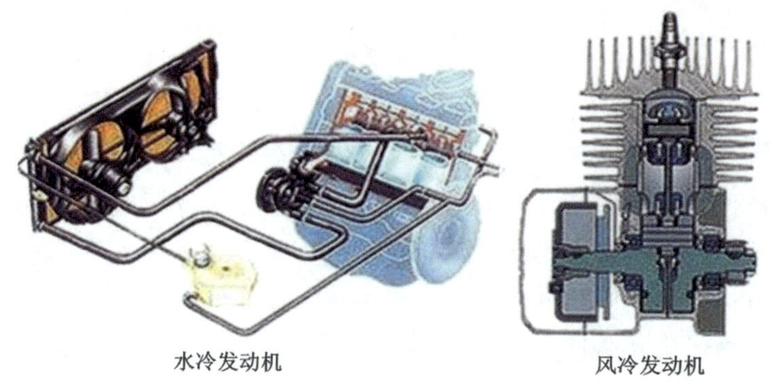

图 6－2　冷却系统的分类

相对于风冷系统，液冷系统冷却均匀，效果好，而且发动机运转噪声小，目前汽车发动机上广泛采用的是水冷系统。

6.2　冷却系统的组成及工作原理

发动机冷却系统一般由散热器、冷却风扇、节温器、水泵、膨胀水箱、冷却液管路、气缸体和气缸盖中水套以及其他附属装置组成，如图 6－3 所示。

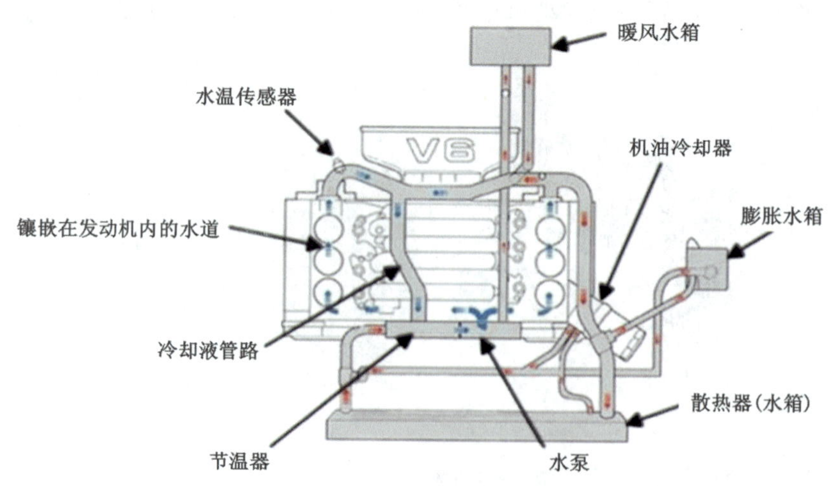

图 6－3　冷却系统组成

6.2.1　冷却系统的组成

1. 水泵

(1) 作用

水泵安装在发动机的气缸体上，对冷却液加压，保证其在冷却系统中循环流动。汽车发动机广泛采用离心式水泵，结构简单、尺寸小、排量大且工作可靠。离心式水泵由带有冷却液进口和出口通道的壳体和叶轮等组成，叶轮轴由一个或多个密封轴承支撑，轴承不需要润滑，使用密封的轴承，如图 6－4 所示。

(2) 工作原理

离心式水泵的动力来源于发动机，靠皮带带动，运转时从旋转中心持续抽吸冷却液，再通过离心力将冷却液输送到外面，通过增压的冷却液可以快速地到达发动机各零部件进行散热冷却，如图 6－5 所示。

图 6－4　水泵

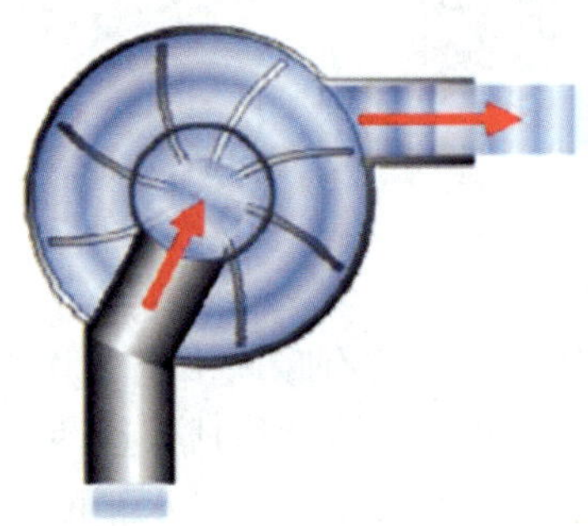

图 6－5　离心式水泵工作原理

2. 散热器

(1) 作用

散热器是一种热交换器，用它来将冷却液携带的热量通过风扇传导至周围的空气中，如图 6－6 所示。

(2) 工作原理

大多数现代化汽车都使用铝制散热器，它将气缸盖水套中流出的高温冷却液，分成许多股小水流，增大散热面积，加速冷却，冷却液在散热器芯内流动，高温冷却液与低温空气发生热传递，实现热交换。为了获得良好的散热效果，散热器与冷却风扇配合工作，冷却液经过散热器后，其温度降低 10～15℃。

影响散热器效率的关键因素是散热器的基本结构，即散热器的有效面积、厚度。散热器的有效面积影响冷却空气的流量，有效面积越大，冷却空气流量越大，散热器的效率越高，散热效果相对越好。

(3) 组成

汽车散热器由进水室、出水室及散热器芯等三部分构成。散热器负责循环水的冷却，它的水管和散热片多用铝材制成，铝制水管做成扁平形状，散热片做成波纹状，注重散热性能，冷却液在散热器芯内流动，热的冷却液由于向空气散热而变冷，流过散热器表面的空气则因为吸收冷却液散出的热量而升温。

3. 暖风水箱

(1)作用

将冷却液的热量通过暖风水箱送达到驾驶舱，如图6-7所示。

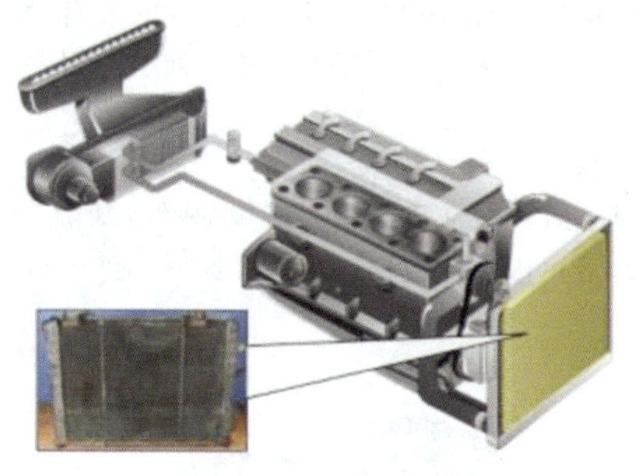

图6-6 散热器

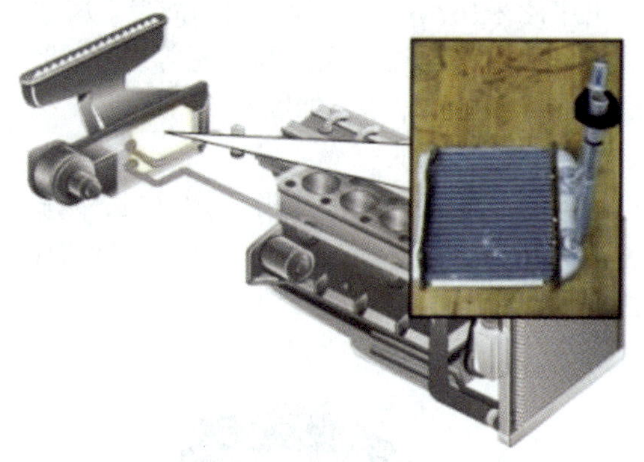

图6-7 暖风水箱

(2)工作原理

大多数汽车都装有暖风水箱，发动机冷却液是该系统的热源，暖风水箱中有一个加热器芯，它由水管和散热器片组成，且两端分别连接冷却系统的出口和入口。发动机高温冷却液进入暖风水箱，加热流经暖风水箱的空气，然后返回发动机冷却系统。

4. 散热器盖

(1)作用

封闭加水口，防止冷却液溅出；排出冷却系统内水蒸气(蒸汽排出管)降压；平衡冷却系统内压力，增压，散热器盖可使冷却系统压力相应地提高到98～1960 kPa，冷却液的沸点相应地提高到120℃左右，从而扩大了散热器与周围空气的温差，散热能力提升，可以相应地减小散热器尺寸。散热器盖如图6-8所示。

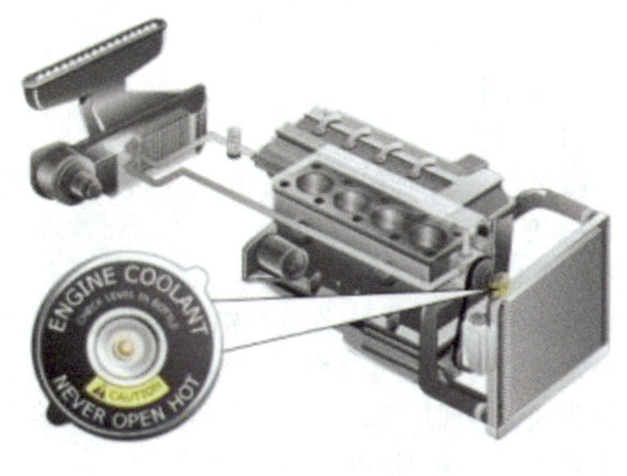

图6-8 散热器盖

(2)组成

散热器盖由一个真空阀和一个压力阀组成，两阀均为单向阀。

(3)工作原理

发动机在冷车状态下，散热器盖的压力阀和真空阀均关闭，使冷却系统与大气隔绝，当发动机工作时，冷却液温度升高，压力升高，当压力超过预定值时压力阀开启，一部分冷却液经溢流管流入储液罐，防止胀裂散热器；当发动机停机后，压力、温度下降，出现真空时，真空阀开启，使储液罐的部分冷却液流入到散热器，如图6-9所示。

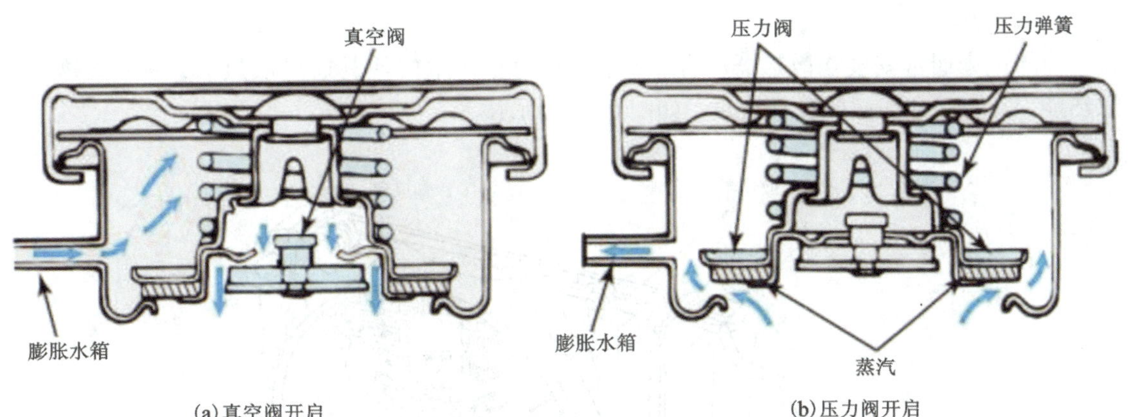

(a)真空阀开启　　(b)压力阀开启

图6－9 散热器盖工作原理

5. 膨胀水箱

(1)作用

膨胀水箱一般用塑料制成，为了便于观察冷却液液位，其通常是圆形或矩形，如图6－10所示。由于供热系统水的热胀冷缩作用，当热水升温时，系统中的水容积增加，当无处容纳水的这部分膨胀量时，供热系统内的水压增高，将影响正常运行。由膨胀水箱容纳系统的水膨胀量，可减小系统因水的膨胀而造成的水压波动，提高了系统运行的安全、可靠性，当系统由于某种原因漏水或系统降温时，膨胀水箱水位下降，为系统补水。膨胀水箱还可以起到稳定系统的压力和排除水在加热过程中所释放出来的空气。

图6－10 膨胀水箱

(2)工作原理

有些车辆的膨胀水箱与散热器之间连接一根冷却液排气管，还有一些车辆的膨胀水箱只有一根软管与散热器相连接，而没有与发动机进水口相连的膨胀水箱出水管，这根软管通常称为溢流管，这种形式的膨胀水箱称为储液罐。当冷却液温度上升时，冷却液膨胀、汽化，散热器中部分冷却液流入储液罐，而当冷却液降温时，储液罐中部分冷却液又会被吸入散热器中，储液罐中也可消除冷却系统的气泡。

6. 冷却风扇

(1)作用

冷却风扇通常安装在散热器后方，风扇旋转时吸入空气使其通过散热器，增强散热器的散热能力，加快冷却液的冷却速度，如图6－11所示。

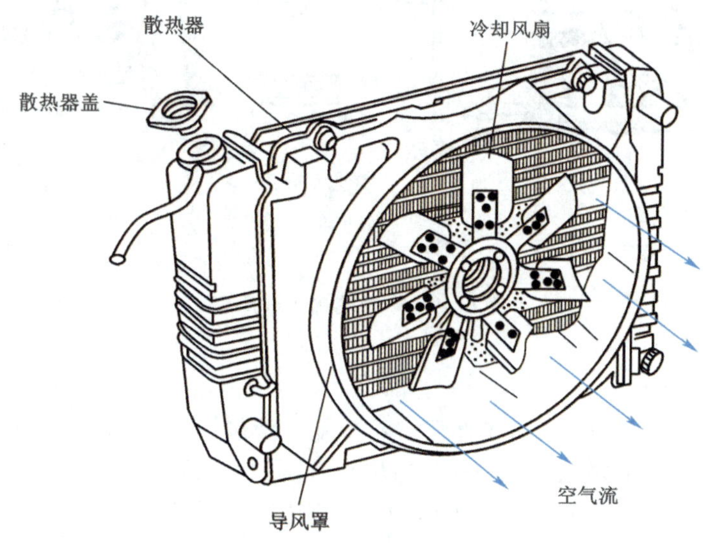

图6－11　冷却风扇

(2)工作原理

冷却风扇由风扇电动机驱动并由蓄电池供电，风扇转速与发动机转速无关，冷却风扇结构简单，总体布置方便，可以改善发动机预热性能，降低油耗，减少风扇噪声，在发动机运转初期或低温时，冷却风扇不运转，当水温传感器检测冷却液温度超过预定值时，ECM(控制单元)控制电动风扇运转。

7. 节温器

(1)作用

节温器是控制冷却液流动路径的阀门，它根据冷却液温度，打开或关闭冷却液流向散热器的通道，当发动机冷起动时，冷却液的温度较低，节温器将冷却液流向散热器的通道关闭，冷却液经水泵直接流向气缸水套内或气缸体中，为保证发动机在合适的温度范围内工作。节温器如图6－12所示。

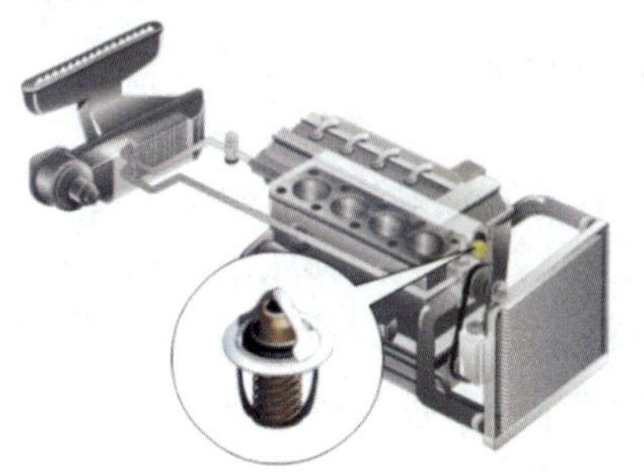

图6－12　节温器

节温器必须保持良好的技术状态，否则会严重影响发动机的正常工作。如节温器主阀门开启过迟，就会引起发动机过热；主阀门开启过早，则使发动机预热时间延长，使发动机温度过低。节温器的作用是使发动机不至于过冷。比如说，在发动机正常工作以后，在冬天开车时，如果没有节温器，发动机的温度可能会太低。这时候，发动机需要暂时终止大循环来保证发动机温度不至于过低。

(2)工作原理

现在主要使用的节温器为蜡式节温器，当冷却液温度低于规定值时，节温器感温体内的精致石蜡呈固态，节温器阀在弹簧的作用下关闭发动机与散热器之间的通道，冷却液经水泵返回发动机，进行发动机内小循环。当冷却液温度达到规定值后，石蜡开始融化逐渐变为液体，体积随之增大并压迫橡胶管使其收缩。在橡胶管收缩的同时对推杆作用以向上的推力，推杆对阀门有向下的反推力使阀门开启。这时冷却液经由散热器和节温器阀，再经水泵流回发动机，进行大循环。蜡式节温器如图 6－13 所示。

图 6－13 蜡式节温器

随着客户对车辆的经济性越发看中，制造商生产的电子节温器(图 6－14)也应运而生，电子节温器在蜡式节温器的基础上增加了加热装置，冷却液温度和加热装置都可以控制电子节温器的开启，加热装置的工作由 ECM(控制单元)通过占空比进行信号控制。

电子节温器相对于蜡式节温器来说，其工作范围广，节温器阀门开度大，即便是控制信号失效，节温器内部石蜡也可以正常工作，控制冷却液的大小循环。

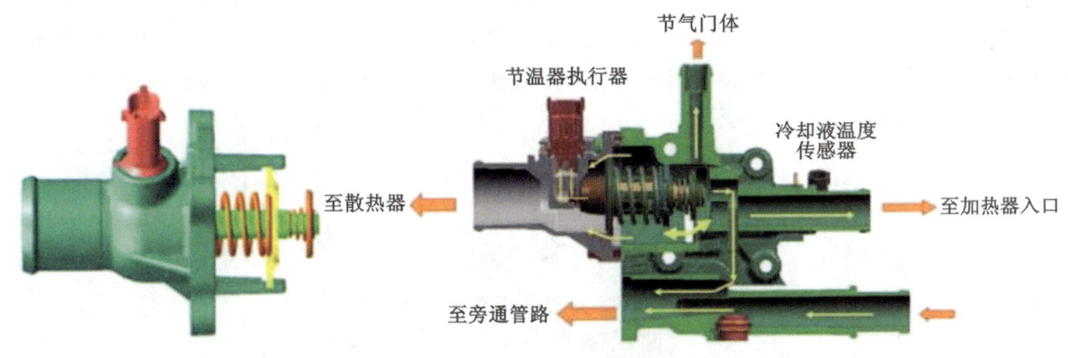

图 6－14 电子节温器

6.2.2 冷却系统的工作原理

发动机气缸体和气缸盖铸有水套，使循环的冷却液得以接近受热的零部件，吸收并带走热量，发动机工作时，曲轴通过皮带或链条驱动水泵，水泵将冷却液从散热器吸入并加压，然后排入气缸体水套中，冷却液吸热升温后经过节温器和散热器上水管流入散热器内。由于风扇的强力抽吸及车辆的高速行驶，空气不断由前向后且高速地流经散热器芯，带走散热器芯内部高温冷却液的热量，冷却液得以冷却，经冷却的冷却液再次被水泵吸至气缸体水套中进行循环冷却。通过冷却液的不断循环，发动机中高温条件下工作的零部件不断冷却，从而保证发动机正常运转。

1. 冷却系统小循环

冷却液温度较低时，节温器主阀门关闭、旁通阀打开，气缸盖中的冷却液从旁通阀、旁通管路流入水泵进水口，经水泵加压后流回气缸体水套。此时冷却液不经过散热器，只在气缸盖水套和气缸体水套之间进行小循环。在小循环中，冷却强度较小，可使发动机水温迅速上升，保证发动机各个部件迅速升温，达到其正常工作温度。小循环示意图如图 6－15 所示。

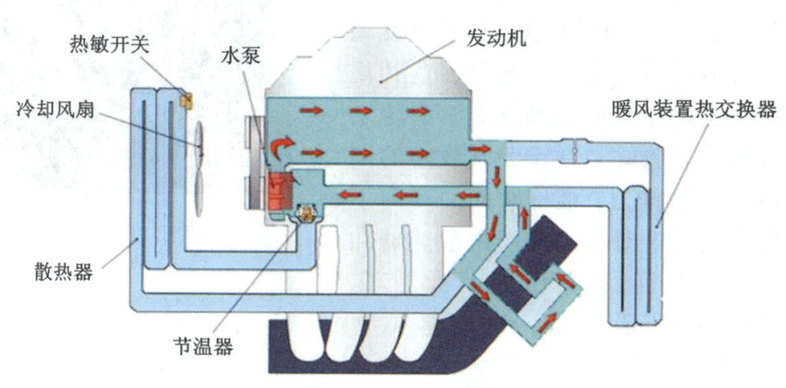

图 6－15　小循环

2. 冷却系统大循环

大循环则是冷却液在引擎与热交换器（散热器）间循环。控制大、小循环转换的温度控制阀则会开启，让冷却液能流至水箱内让空气将热量带走，当冷却液温度升高到一定值时，节温器主阀门全开，旁通阀关闭，气缸盖水套中的冷却液经散热器上水管全部流向散热器，其温度快速下降，然后从散热器下水管进入水泵进水口，经水泵加压后回到气缸体水套，进行冷却循环。大循环示意图如图 6－16 所示。

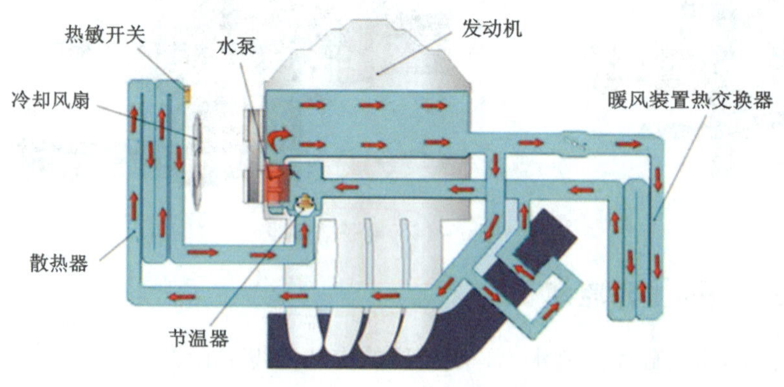

图 6－16　大循环

6.2.3 冷却液

1. 作用

常用的冷却液有水和防冻液，以及它们的混合物，水可以作为冷却液安全使用，但是没有防止冰冻和减少腐蚀的作用。防冻液具有冬天防冻，夏天防沸，全年防水垢，防腐蚀等优良性能。防冻液如图 6－17 所示。

图 6－17 防冻液

2. 组成

现国内外 95% 以上使用乙二醇型防冻液，与自来水相比，乙二醇最显著的特点是防冻，而水不能防冻。其次，乙二醇沸点高，挥发性小，黏度适中并且随温度变化小，热稳定性好。因此，乙二醇型防冻液是一种理想的冷却液。它能以任何比例与水相溶。防冻液中还添加有防锈剂、消泡剂、防霉剂、pH 调节剂、着色剂等。

6.3 废防冻液处理不当对环境的影响

1. 潜在的危害

防冻液的主要成分是乙二醇，乙二醇本身有一定毒性，而且乙二醇比较容易分解，分解后会生成毒性更强的物质：草酸。若吞咽下去会有生命危险。

高温的防冻液会造成人员烫伤。

2. 操作的注意事项

防冻液不得接触到排气系统。

在处置高温防冻液时要特别当心，避免吸入这些蒸气，同时也要防止被烫伤。防冻液中的危险而有害的成分可能通过皮肤吸入，一定要即刻清洗掉皮肤上沾到的溢溅的防冻液。

3. 回收时的注意事项

防冻液不可以通过下水道排出，更不可以随便倾倒到自然环境中。

废旧防冻液应回收，并交由专业公司处理。

6.4 冷却系统的检查(VR)

操作微课

VR操作

1. 准备工具和耗材

(1)常规拆装工具;

(2)冰点检查仪;

(3)冷却液检漏仪;

(4)防护用品;

(5)冷却液;

(6)透明的塑料管道。

2. 预检工作

(1)记录车辆信息(即:VIN码、生产日期、发动机型号、行驶里程等);

(2)查阅维修手册,确认相关信息;

(3)连接尾气排放管;

(4)做好车内防护(图6-18),并降下主驾驶侧车窗,拉起发动机舱盖释放杆(下车时应当关好车门);

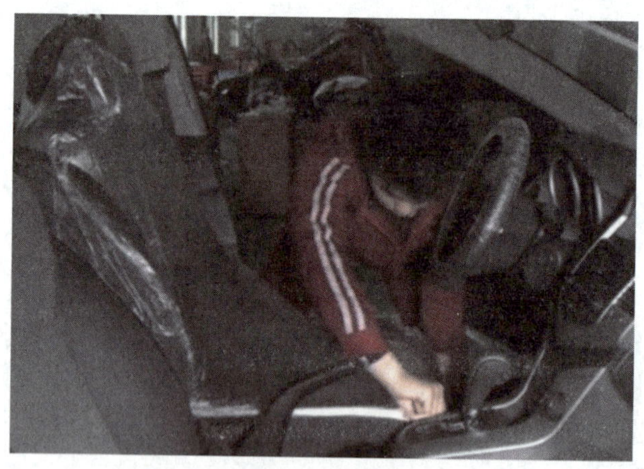

图6-18 做好车内防护

(5)做好车外防护;

(6)目视检查冷却系统各个管路、接口处和卡箍处是否有渗漏情况,如果有渗漏则要进行密封性检查;

(7)使用冰点检查仪检查冷却液冰点。

3. 作业过程

(1)打开散热器盖和补偿水箱盖,可用抹布将盖口盖住,防止有异物落入,如图6-19所示;

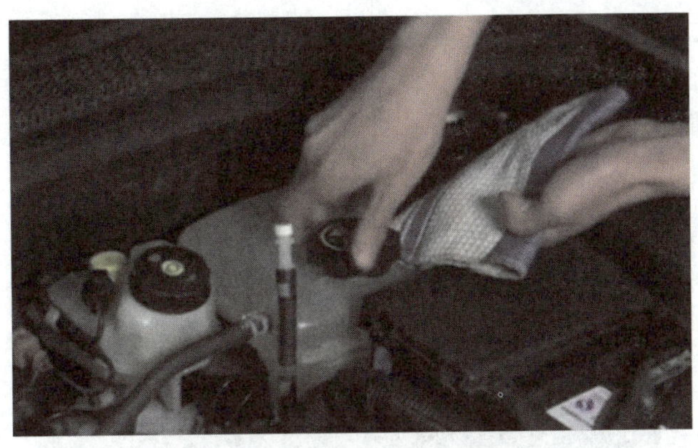

图 6－19 打开散热器盖和补偿水箱盖

(2)操作举升机，安全举升车辆；
(3)将回收盆放在散热器出水口下方；
(4)将透明的塑料管路连接到出水口处，旋松放水阀，使冷却液流出，如图 6－20 所示；

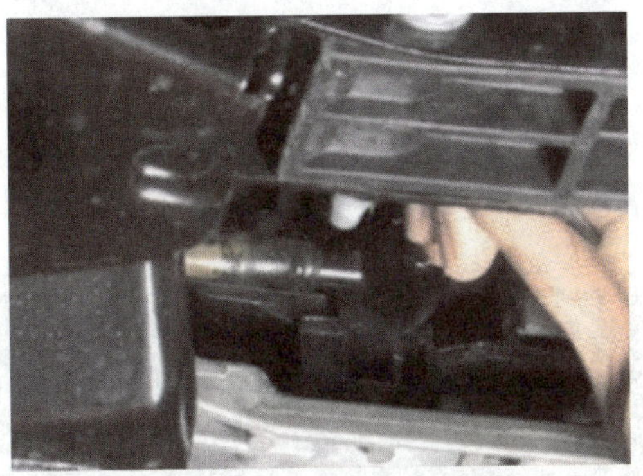

图 6－20 放冷却液

(5)冷却液排放干净后，安装放水阀，紧固至规定力矩，如图 6－21 所示；

图 6－21 安装放水阀

(6)操作举升机，安全降下车辆；

(7)使用冰点检查仪检测新的冷却液冰点是否合格；

(8)按照维修手册要求，添加冷却液，如图 6－22 所示；

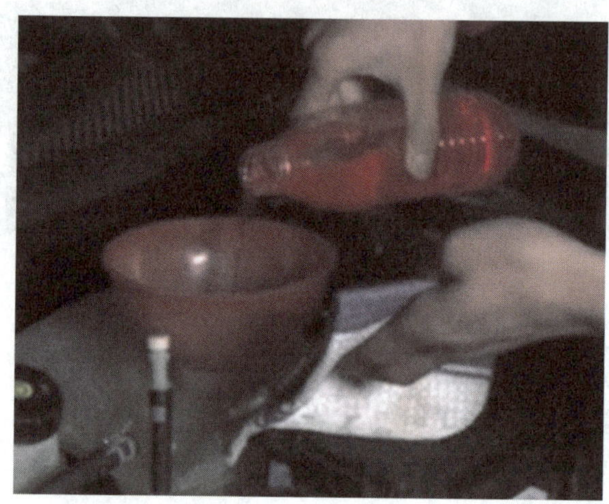

图 6－22　添加冷却液

(9)使用冷却液检漏仪对冷却系统进行密封性检测(压力加到 1.5～2 bar)，保持 3～5 分钟，如图 6－23 所示；

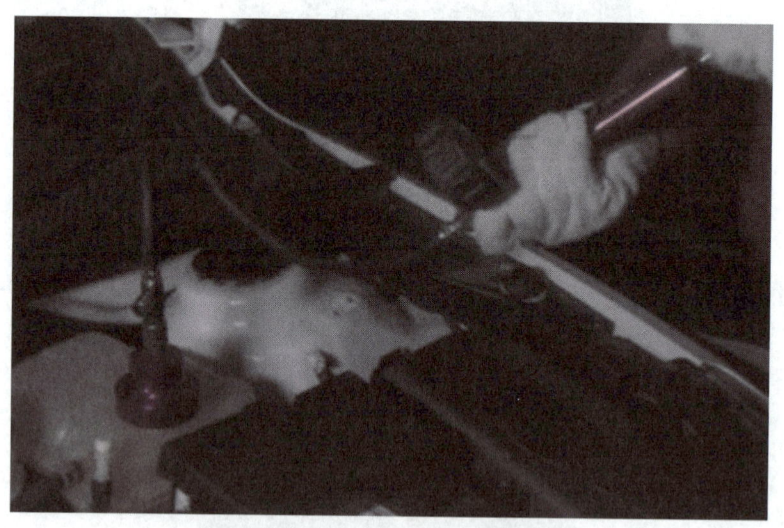

图 6－23　进行密封性检测

(10)检查冷却系统各个管路、接口处和卡箍处是否有渗漏，如图 6－24 所示；

(11)确保密封性后，释放压力，拆卸冷却液检漏仪；

(12)连接尾气排放管，起动车辆怠速运转；

图 6－24　检查是否有渗漏

（13）怠速运转至发动机正常工作温度，如图 6－25 所示；

图 6－25　怠速运转

（14）观察补偿水箱的冷却液液位是否在 MAX 与 MIN 之间。

4. 结束工作

（1）清洁发动机舱内部；
（2）收防护件，关闭发动机舱盖，升起车窗（钥匙应当带出车辆）；
（3）填写工单；
（4）清理好一次性用品；
（5）收好尾气排放管；
（6）整理现场。

单元练习

一、选择题

1. 冷却系统中冷却液的大、小循环由(　　)控制。

A. 散热器　　B. 散热器盖　　C. 节温器　　D. 分水管

2. 散热器盖上的空气阀密封不严，会使(　　)。

A. 散热器内压力高于大气压力　　B. 散热器内压力低于大气压力

C. 散热器与大气连通　　D. 散热器内压力无变化

3. 水冷系统主要部件的组成不包括(　　)。

A. 散热器　　B. 散热器芯　　C. 补偿水箱　　D. 冷凝器

4. 冷却系统的主要作用是使发动机在所有的工况下都保持在适当的温度范围内。其温度范围是(　　)

A. 100～120℃　　B. 80～90℃　　C. 70～80℃　　D. 90～110℃

5. 蜡式节温器中使阀门开闭的部件是(　　)。

A. 阀座　　B. 石蜡感应体

C. 支架　　D. 弹簧

二、判断题

1. 当发动机出现“开锅”现象，应立即打开散热器盖添加冷却液。(　　)

2. 当冷却液缺少时，可适当添加蒸馏水进行补充。(　　)

3. 发动机的冷却方式一般分为风冷和液冷两种形式。(　　)

4. 当蜡式节温器损坏，主阀不能完全关闭，则冷却强度减小，使发动机产生过热现象。(　　)

5. 强制式液冷系统的冷却强度不能随着发动机的负荷和水流大小而变化。(　　)

7 点火系统

学习目标

- 熟悉点火系统的作用及组成。
- 熟悉点火系统的类型。
- 熟悉火花塞的结构及作用。
- 掌握火花塞的更换。

7.1 点火系统概述

汽油发动机气缸内的可燃混合气在压缩行程终了时，利用电火花点燃，燃烧后产生强大能量，推动活塞运动，使发动机完成做功过程。能适时在燃烧室内产生电火花的装置，被称为点火系统。

7.1.1 点火系统的分类

目前，在国内外汽车上使用的点火系统种类较多，主要有传统点火系统、无触点电子点火系统和微机控制点火系统等。

1. 传统点火系统

传统点火系统由蓄电池或发动机供给的12 V低压电，经点火线圈和断电器转变为高压电，再经配电器分送到各缸火花塞，使其电极间产生电火花。

2. 无触点电子点火系统

无触点电子点火系统取消了断电器的触电，用点火信号发生器产生点火信号，控制点火系统工作。它可以避免由触电引起的各种故障，减少了保养和维护工作；还可以增大初级电流，提高次级电压和点火能量，改善混合气的燃烧状况，提高发动机的动力性和经济性，并减少排气污染。

3. 微机控制点火系统

微机控制点火系统由微机控制装置根据各传感器提供的信号，确定点火时刻，并发出点火控制信号，可使发动机实际点火提前角接近理想点火提前角。在各种运转条件下，点火提前角可获得复杂而精确的控制。在怠速时，最佳点火提前角的主要目标是运转平稳、排放污染最低、油耗最小；在部分负荷时，主要要求降低油耗和提高行驶特性；在大负荷时，重点是提高最大转矩和避免工作中产生爆燃。

7.1.2 点火提前角

发动机(汽油机)工作时，点火时刻对发动机的工作性能有很大的影响。提前点火就是活塞到达压缩上止点之前火花塞跳火，点燃燃烧室内的可燃混合气。从点火时刻起到活塞到达压缩上止点，这段时间内曲轴转过的角度称为点火提前角。能使发动机获得最佳动力性、经济性和最佳排放时的点火提前角称为最佳点火提前角。

要想气缸内的“爆炸”威力更大，适时的点火就非常重要。实际的点火时刻都是在压缩行程末就开始了，相对压缩上止点时是提前的，所以称之为点火提前。通常用上止点时的曲轴转角作为点火提前的参考点，例如点火提前角 10°。不同转速下、不同节气门开度下点火的点火提前角是不同的，所以需要一个复杂的点火系统来控制。

若点火过早，则活塞正在向上止点运动过程中，混合气就开始燃烧，气缸内气体压力迅速升高，而且气体压力作用的方向与活塞运动的方向相反，发动机有效功率减小发动机功率也将下降，因此，应当在活塞到达压缩行程上止点之前点火，使气体压力在活塞到达上止点后 10° ~15°时达到最高值，这样混合气燃烧产生的热能可以在做功行程中得到充分利用，可以提高发动机的功率。

7.2 点火系统的组成及工作原理

1. 点火系统组成

点火系统包括转速传感器、节气门位置传感器、爆震传感器等传感器元件，发动机控制单元以及点火控制模块、点火线圈和火花塞等，如图 7 -1 所示。

点火系统由点火线圈(点火模块)和微机控制装置产生的点火信号，将电源的低压电转变为高压电。现代发动机点火系统取消了分电器，由微机系统直接进行高压电的分配，是现代新型的无分电器点火系统。微机控制的点火系统已广泛应用于各种轿车上。

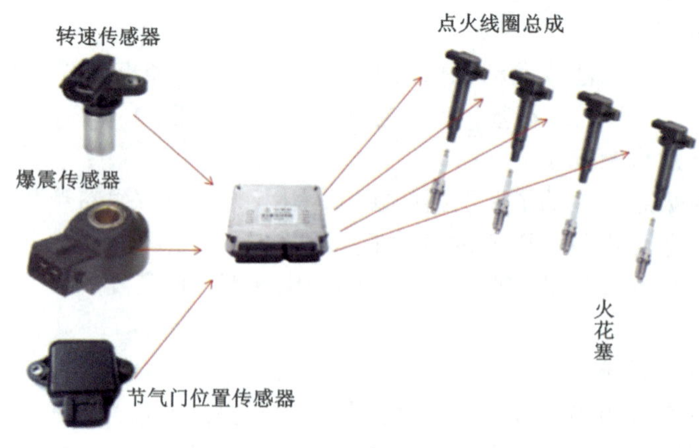

图 7 -1　点火系统结构图

2. 点火系统原理

火花塞两电极之间加上直流电压，电极之间的气体发生电离现象。随着电极间的电压升高，气体电离的程度不断增强。当电压增长到一定值，火花塞两电极间的间隙被击穿而产生电火花。击穿电压一般在 8 ~ 20 kV。为使点火可靠，通常点火电压大于击穿电压。

发动机工作时，ECU 根据接收到的各种传感器信号，按存储器中存储的有关程序和数据，确定出最佳点火提前角和通电时间，并以此向点火线圈发出指令，点火线圈根据指令，控制点火线圈初级电路的导通和截止，当电路导通时，有电流从点火线圈的初级电路通过，点火线圈将点火能量以磁场的形式储存起来，当初级电路被切断时，次级线圈中产生很高的感应电动势，直接送至各缸火花塞。点火线路示意图如图 7－2 所示。

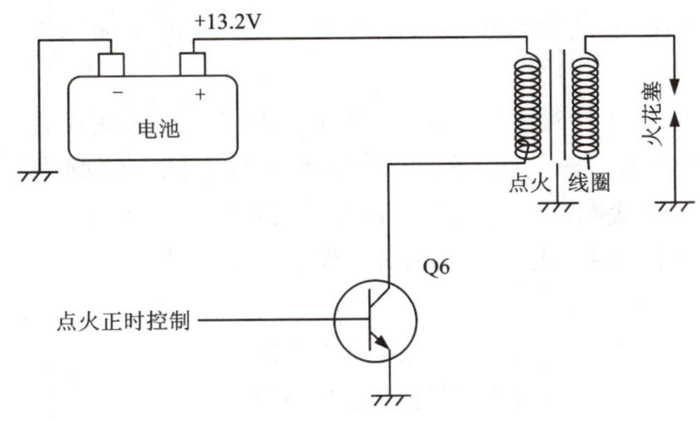

图 7－2 点火线路

3. 点火线圈

随着汽车汽油发动机向高转速、高压缩比、大功率、低油耗和低排放的方向发展，传统的点火装置已经不适应使用要求。点火装置的核心部件是点火线圈和开关装置，提高点火线圈的能量，火花塞就能产生足够能量的火花，这是点火装置适应现代发动机运行的基本条件。

火花塞要点火，需要提供高压电，而蓄电池只能提供 12 V 的电压。为此，需要采用点火线圈将 12 V 的低压提高至两万伏左右。点火线圈结构如图 7－3 所示。

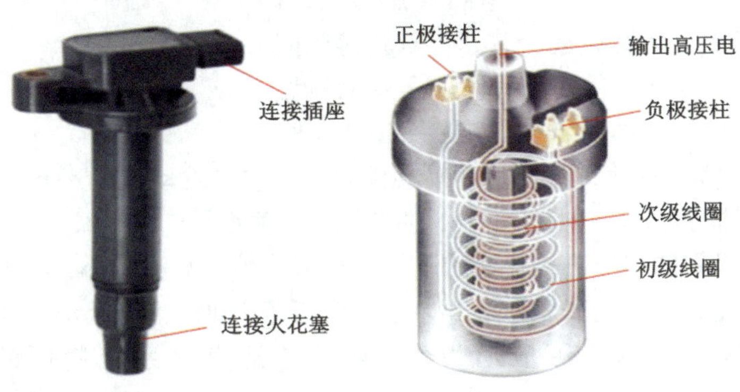

图 7－3 点火线圈

通常的点火线圈里面有两组线圈，初级线圈和次级线圈。初级线圈用较粗的漆包线，通常用0.5～1 mm的漆包线绕200～500匝；次级线圈用较细的漆包线，通常用0.1 mm左右的漆包线绕15000～25000匝。初级线圈一端与车上低压电源(＋)连接，另一端与开关装置(断电器)连接。次级线圈一端与初级线圈连接，另一端与高压线输出端连接输出高压电。

点火线圈之所以能将车上低压电变成高压电，是由于有与普通变压器相同的形式，初级线圈比次级线圈的匝数比大。但点火线圈工作方式却与普通变压器不一样，普通变压器的工作频率固定为50 Hz，又称工频变压器，而点火线圈则是以脉冲形式工作的，可以看成是脉冲变压器，它根据发动机不同的转速以不同的频率反复进行储能及放能。

当初级线圈接通电源时，随着电流的增长四周产生一个很强的磁场，铁芯储存了磁场能；当开关装置使初级线圈电路断开时，初级线圈的磁场迅速衰减，次级线圈就会感应出很高的电压。初级线圈的磁场消失速度越快，电流断开瞬间的电流越大，两个线圈的匝比越大，则次级线圈感应出来的电压越高。

点火线圈依照磁路分为开磁式及闭磁式两种。传统的点火线圈是用开磁式，其铁芯用0.3 mm左右的硅钢片叠成，铁芯上绕有次级与初级线圈。闭磁式则采用形似“Ⅲ”的铁芯绕初级线圈，外面再绕次级线圈，磁力线由铁芯构成闭合磁路。闭磁式点火线圈的优点是漏磁少，能量损失小，体积小，因此电子点火系统普遍采用闭磁式点火线圈。

4. 火花塞

火花塞是汽油机点火系统中将高压电流引入气缸产生电火花，以点燃可燃混合气体的部件。主要由接线螺母、绝缘体、接线螺杆、中心电极、侧电极以及外壳组成，侧电极焊接在外壳上，如图7－4所示。

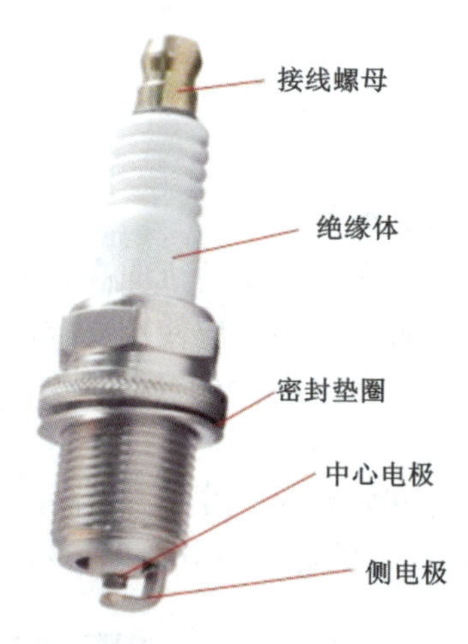

图7－4　火花塞

火花塞的构造是以一根细长的金属电板穿过一个具有绝缘功能的陶瓷材质而制成的，绝缘体的下部周围有一个金属材质的壳，以螺牙方式旋紧在气缸盖上，在这个金属壳的底部再加焊一电极与汽车车体形成接地作用。另外，在中心电极的末端，必须再以一个微小的放电间隙分隔开来。从分电器来的高压电流会经过这个中心电极导电，然后在底端的放电间隙放电，这时火花塞发挥功用产生火花燃烧混合气，引擎就得到能源并输出功率。由此可见，火花塞是将进入发动机燃烧的汽油和空气混合气体加以点燃的装置，工作于高温、高压的恶劣条件下，是汽油发动机的易损件之一。它在发动机的运转中扮演着相当重要的角色，与汽车省油与否，运转是否平稳，都有很大的关系。

间隙火花塞电极间的间隙对火花塞的工作有很大影响，间隙过小，则火花微弱，并且容易因产生积炭而漏电；间隙过大，所需击穿电压增高，发动机不易起动，且在高速时容易发生“缺火”现象，故火花塞间隙应适当，一般蓄电池点火系统使用的火花塞间隙为0.9～1.3 mm。

使用正常的火花塞通常其头部呈暗红色。火花塞的工作状况如图7－5所示。

正常状况　极度的电极消耗状况

积炭　机油油污

密封不严漏气　积灰

图 7－5　火花塞的工作状况

7.3　电子点火系统

传统的蓄电池点火系统存在着如下缺点：断电器触点分开时，在触点处形成火花，使触点逐渐烧蚀，因而断电器的使用寿命短；在火花塞积炭时，因火花塞间隙漏电，使初级电压升不上去，不能可靠地点火；次级电压的大小随发动机的转速的增高和气缸数的加多而下降，因此在高速时易出现缺火等现象。

电子点火系统在高速时可以避免缺火；在火花塞积炭时有较强的跳火能力，并可延长触点的使用寿命，提高火花能量。特别是采用微型计算机控制的电子点火系统，除具备上述优点之外，还能根据发动机不同工况的要求自动调节点火时刻为最佳值。因此，采用电子点火系统可以提高发动机的动力性和经济性，并减少空气污染。

目前，在汽车上采用的电子点火系统种类很多，电路各有不同，但从其工作原理的角度看，按储能方式的不同分为电感储能和电容储能两大类；按照点火信号的触发方式的不同又可分为有触点的和无触点的电子点火系统。本节主要介绍无触点的电子点火系统。

7.3.1 磁脉冲式无触点点火装置

无触点电子点火系统用传感器代替断电器的触点，产生点火信号。因此，在点火系统工作时与触点有关的故障都不可能发生。

无触点电子点火系统一般由传感器(也称为点火信号发生器)、点火控制器(简称点火器)、点火线圈、配电器、火花塞等组成。国内外汽车上使用的无触点点火装置，按所使用的传感器形式不同，有磁脉冲式、霍尔效应式、光电式等多种。

图 7－6 是日本丰田轿车上采用的无触点点火装置的电路图。该点火装置由安装在分电器内的磁电式传感器 1、点火控制器 2、点火线圈 3 等组成。

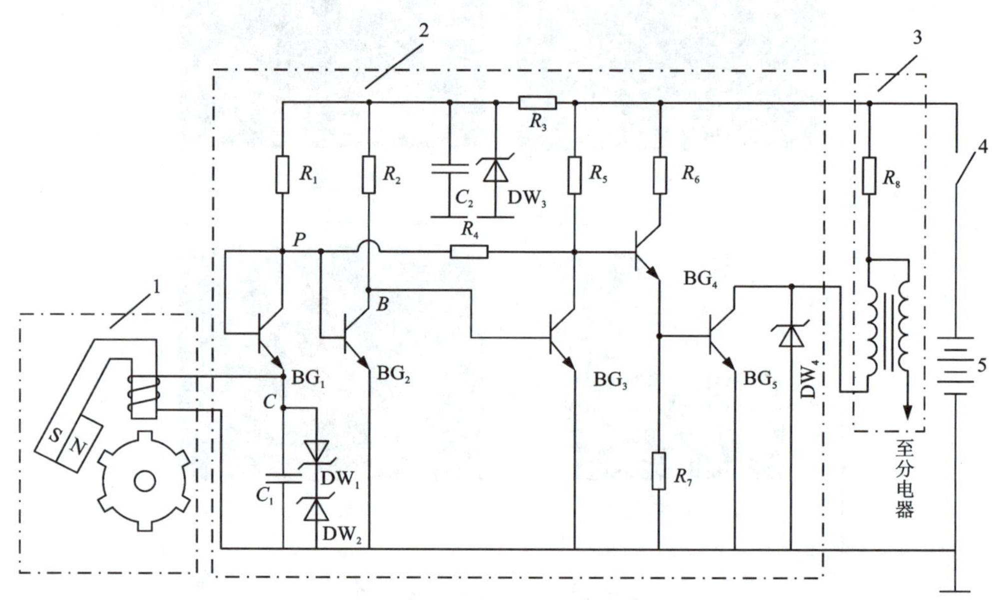

图 7－6　磁脉冲式无触点点火装置电路图

1—磁电式传感器；2—点火控制器；3—点火线圈；4—点火开关；5—蓄电池

1. 磁电式传感器

磁电式传感器一般是一个磁脉冲式点火信号发生器，用来在发动机工作时产生点火信号。它是由靠分电器轴带动且转速与之相等的信号转子 1、安装在分电器底板上的永久磁铁 3 和绕在铁芯上的传感线圈 2 等三部分组成的(见图 7－7)。

信号转子具有数目与发动机气缸数相等的凸齿。永久磁铁的磁通由于转子的凸齿、传感线圈间隙不断变化，穿过线圈铁芯中的磁通量也不断变化，根据电磁感应原理，当穿过线圈的磁通量发生变化时，线圈中将产生感应电动势，感应电动势的大小与磁通的变化速度成正比，其方向则是阻碍磁通的变化。

图 7－7 是转子凸齿与线圈铁芯处于不同相对位置时的磁路图。在图 7－7(a)所示位置时，转子凸齿逐渐转向线圈铁芯，与铁芯间的空气间隙越来越小，穿过线圈铁芯的磁通量则

逐渐增多。在图7－8中磁通变化曲线上的a点时，磁通的变化率最大，线圈中产生的感应电动势达到最大值。随着转子转动，线圈铁芯中磁通量增加的速度减慢，线圈中产生的感应电动势减小，当转子转到图7－7(b)所示位置时，转子凸齿与线圈铁芯的中心线正好在一条线上，转子凸齿与线圈铁芯间的空气间隙最小，穿过线圈铁芯的磁通量最大，但磁通的变化率为零，感应电动势减小到零。转子继续转动，凸齿渐渐离开线圈铁芯，凸齿与线圈铁芯间的空气间隙逐渐增大，在线圈中产生的感应电动势加大，但方向与磁通增加时相反，当转子转到图7－7(c)所示位置时，磁通量减小的速率最大，线圈中的感应电动势反向达到最大值。如此，随着转子不断地旋转，在线圈中产生如图7－8所示大小和方向不断变化的感应电动势。

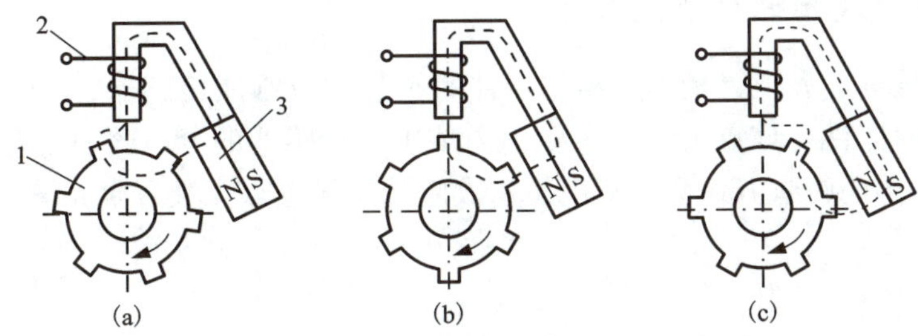

图7－7 磁电式传感器的磁路

(a)转子凸齿转向线圈铁芯；(b)转子凸齿与线圈铁芯中心线对齐；(c)转子凸齿离开线圈铁芯

1—信号转子；2—传感线圈；3—永久磁铁

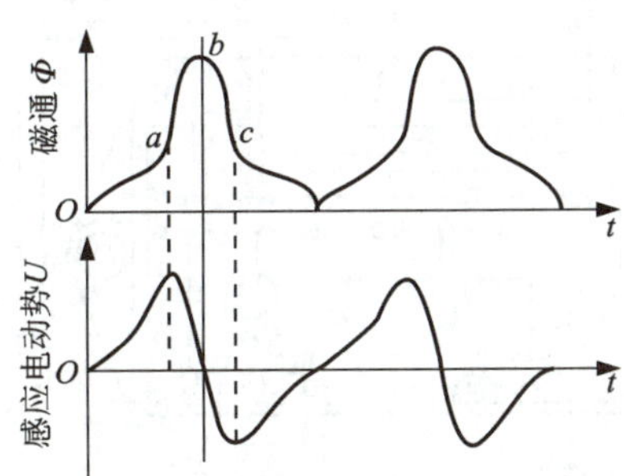

图7－8 穿过线圈的磁通及线圈中的感应电动势

2. 点火控制过程

点火控制器是由三极管BG_1和BG_2(图7－6)组成的点火信号检出电路，BG_3和BG_4组成的开关放大电路和电源开关电路组成的。

接通点火开关4，当三极管BG_2导通时，B点的电位降低，BG_3截止而其集电极电位升高，使BG_4、BG_5导通，于是初级电路被接通。初级电流由蓄电池5的正极出发，经点火开关4、点火线圈3的一次绕组、晶体三极管BG_5、搭铁流回蓄电池的负极。当BG_2截止时，B点的电位升高，BG_3导通，其集电极电位降低，BG_4、BG_5截止，于是初级电路被切断，二次绕组中产生高压电，击穿火花塞间隙，点燃混合气。

BG_2是导通还是截止取决于P点的电位。P点的直流电位是一定的，且略高于BG_2的工作电位。三极管BG_1的集电极与基极相连，在此电路中相当于一个发射极为负、集电极为正的二极管。当传感器输出的交变信号电压使C点的电位高于P点的直流电位时，BG_1因承受反向电压而截止。这时，P点的电位高于BG_2的工作电位，所以BG_2导通，从而BG_5也导通。当传感器输出的交变信号电压使C点的电位低于P点的电位时，BG_1导通，使P点的电位降低。当P点的电位低于BG_2的工作电位时，BG_2截止，从而BG_5截止使初级电流中断。

稳压管DW_1和DW_2用来限制传感器输出电压的幅度，以保护晶体三极管BG_1和BG_2。

稳压管DW_3和电容器C_2用来稳定电源电压。

稳压管DW_4保护晶体三极管BG_5免受自感电动势的损坏。

7.3.2 霍尔效应式无触点点火装置

霍尔效应无触点点火装置是利用霍尔器件的霍尔效应制成传感器，产生点火信号，控制点火系统的工作的器件。该点火装置主要由内装霍尔传感器的分电器、点火控制器、点火线圈等组成。图7－9是奥迪100型轿车用霍尔效应式无触点点火装置电路图。

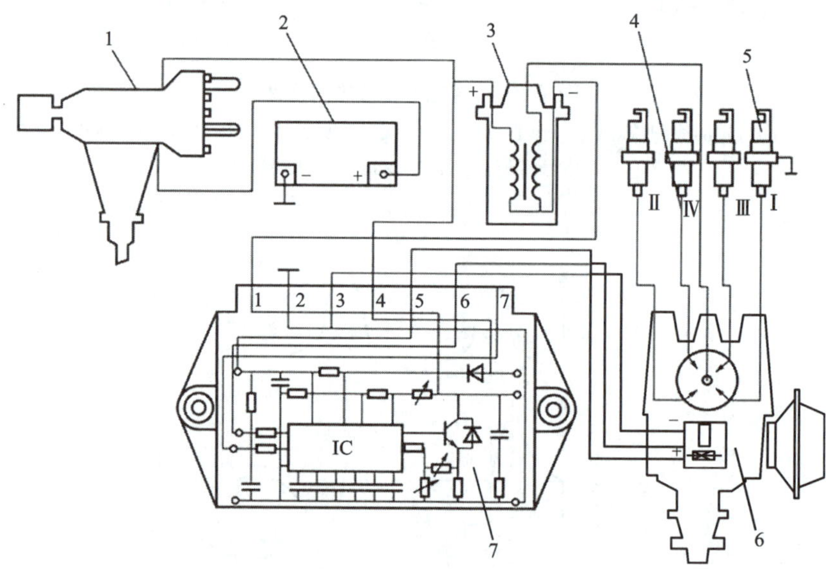

图7－9　奥迪100型轿车用霍尔效应式无触点点火装置电路图

1—点火开关；2—蓄电池；3—点火线圈；4—高压阻尼线；5—火花塞；
6—霍尔效应式无触点分电器；7—点火控制器

1. 霍尔传感器

图7－10是霍尔传感器的工作示意图。它由安装在分电器内的霍尔触发器3、永久磁铁1和带缺口的转子2组成。

霍尔触发器是一个带有集成电路的半导体基片。当外加电压作用在触发器两端时，便有电流在其中通过。如果在垂直于电流的方向上同时有外加磁场的作用，则在垂直于电流和磁场的方向产生电压U_H，称该电压为霍尔电压，这种现象称为霍尔效应。图7－11为霍尔效应示意图。

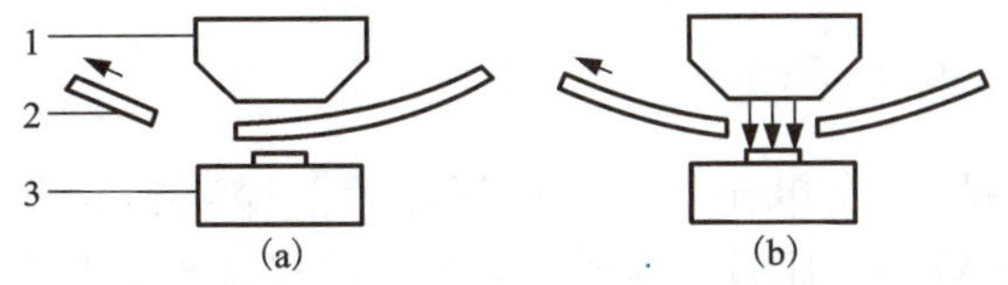

图 7－10　霍尔传感器工作示意图

(a)转子叶片处于永久磁铁和霍尔元件之间；(b)转子的缺口处于永久磁铁和霍尔元件之间

1—永久磁铁；2—带缺口的转子；3—霍尔触发器

霍尔电压的大小与通过的电流 I，和外加磁场的磁感应强度 B 成正比，与基片的厚度 d 成反比，可用下式表示：

$$U_{H}=\frac{R_{H}}{d}\cdot I\cdot B$$

式中：R_H—霍尔系数；

d—基片厚度；

I—电流；

B—外加磁场的磁感应强度。

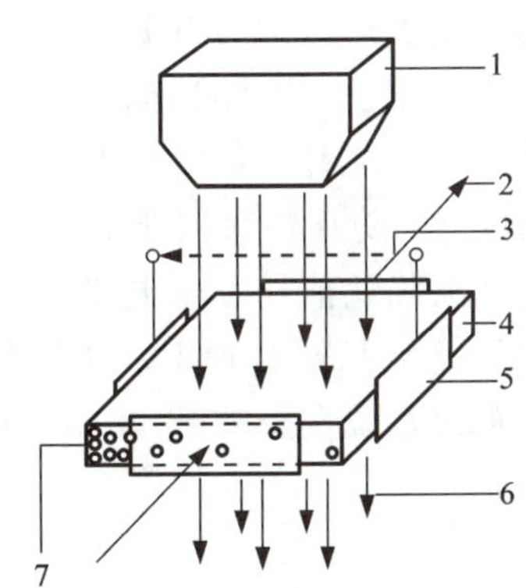

图 7－11　霍尔效应示意图

1—磁极；2—外加电压；3—霍尔电压；4—霍尔触发器；5—接触面；6—磁力线；7—剩余电子

霍尔效应传感器输出电压的幅度不受发动机转速的影响，且结构简单、工作可靠、抗干扰能力强，已得到广泛应用。

2. 点火控制过程

点火控制器由专用的集成电路芯片(IC)、达林顿管及其他辅助电路组成，如图 7－9 中 7 所示。它用来将霍尔传感器产生的信号整形、放大，并转变为点火控制信号，通过达林顿管控制点火线圈一次绕组的接通或断开，在二次绕组中产生高压电。

7.4　微机控制点火系统

在微机控制的点火系统中，点火控制包括点火提前角的控制、通电时间控制和爆燃控制等三个方面，并具有以下特点：

- 在各种工况及环境条件下，均可自动获得最佳的点火提前角，从而使发动机的动力性、经济性、排放性及工作稳定性等方面均处于最佳。
- 在整个工作过程中，均可对点火线圈初级电路的通电时间和电流进行控制，从而使点火线圈中存储的点火能量保持恒定，不仅提高了点火的可靠性，而且可有效地减少电能消耗，防止点火线圈烧损。
- 采用爆燃控制功能后，可使点火提前角控制在爆燃的临界状态，以此获得最佳的燃烧过程，有利于发动机各种性能的提高。

微机控制点火系统的类型可以分为两大类，即有分电器电控点火系统和无分电器电控点火系统。

7.4.1 有分电器电控点火系统

如图 7－12 所示，微机控制单元（ECU）根据传感器检测到的发动机的转速和负荷等信息，与预先储存的最佳参数进行比较，得到该工况下的最佳点火提前角，并将点火正时信号 IGT 送至点火器，当 IGT 变成低电平时，控制串接在点火线圈初级电流回路中大功率三极管截止，于是点火线圈初级电流被切断，次级线圈中感应出高压电，再由分电器送至相应缸火花塞产生电火花。

为了产生稳定的次级电压和保证系统的可靠工作，在点火控制器中还设置了闭合角控制回路和点火确认信号 IGF 发生电路。

闭合角控制回路根据发动机转速和蓄电池电压调节闭合角，以保证足够的点火能量。在发动机转速上升和蓄电池电压下降时，闭合角控制电路使闭合角加大，即延长初级电路的通电时间，以防止初级储能下降，确保足够点火能量。

点火确认信号发生电路在点火线圈初级电流切断、初级线圈产生自感电动势时，输出点火确认信号 IGF 给 ECU，以监视点火控制电路是否正常工作，如果 ECU 接收不到 IGF 信号，表明点火系统发生故障，ECU 立即终止燃油喷射。

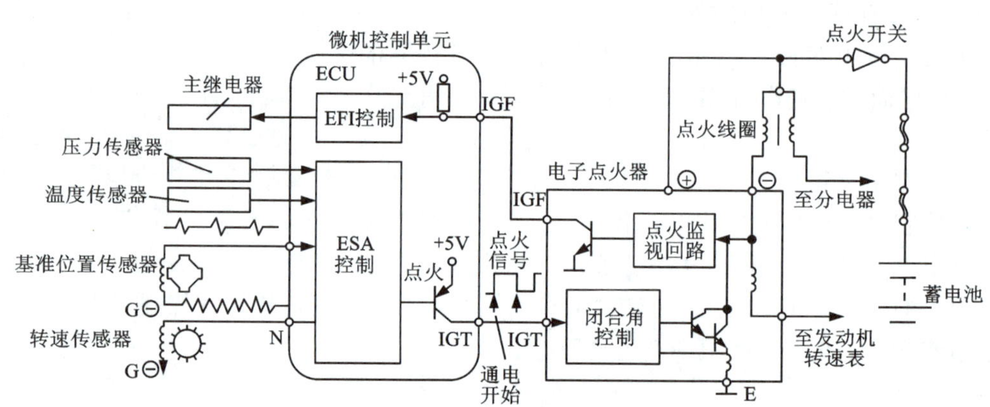

图 7－12　有分电器的电控点火系统

7.4.2 无分电器电控点火系统

无分电器的电控点火系统按其高压配电方式的不同，可分为点火线圈分配式和二极管分配式两大类，前者应用更为广泛。

1. 点火线圈分配式电控点火系统

该系统是将来自点火线圈的高压电直接分配给火花塞，这种点火系统具有同时点火和单独点火两种形式。

（1）无分电器同时点火系统

同时点火是指点火线圈每产生一次高压电，都使两个气缸的火花塞同时跳火。次级绕组产生的高压电将直接加在两个气缸（四缸发动机的 1、4 缸或 2、3 缸；六缸发动机的 1、6 缸，2、5 缸或 3、4 缸）的火花塞电极上跳火。

双缸同时点火时，一个气缸处于压缩行程末期，是有效点火，另一个气缸处于排气行程末期，缸内温度较高但压力很低，火花塞电极的击穿电压也很低，对有效点火气缸火花塞的击穿电压和火花放电能量影响很小，是无效点火。曲轴旋转一转后，两缸所处行程恰好相反。

如图 7-13 所示的无分电器同时点火系统，ECU 输出的指令除控制点火提前角和通电时间的 IGT 外，还需要输出判缸信号 IGD。

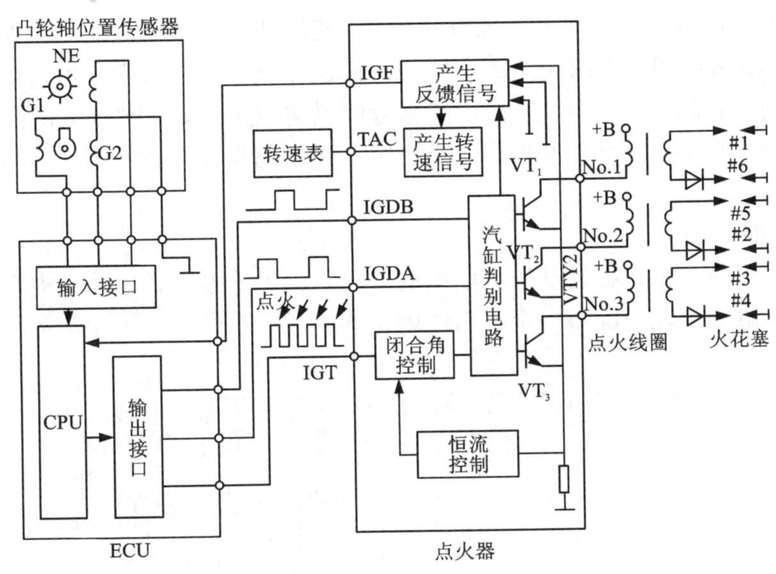

图 7-13 无分电器同时点火系统

如丰田皇冠轿车装用的无分电器电控点火系统，凸轮轴位置传感器产生的 G1 信号用来判别第六缸上止点位置，G2 信号用来判别第一缸上止点位置，NE 信号用来提供曲轴转角信号。ECU 发出判缸指令 IGDA、IGDB 的信号状态如表 7-1 所示。

表 7-1 IGDA、IGDB 的信号状态

IGDA 状态	IGDB 状态	点火线圈	点火气缸
0	1	1#	1、6 缸
0	0	2#	2、5 缸
1	0	3#	3、4 缸

ECU 根据凸轮轴位置传感器信号 G1、G2、NE 和判缸信号 IGDA、IGDB，选择应点火的气缸组，并将点火信号送给点火组件，使相应的功率三极管 $VT_1 \sim VT_3$ 中的某一只截止或导通，于是相应的点火线圈直接向火花塞输出高压电。同样点火器的反馈信号 IGF 向 ECU 提供火花塞是否正常点火，ECU 在每次发出点火正时指令后，都通过 IGF 信号进行检测，当连续 3~5 次没有反馈信号时，ECU 认为点火系统有故障并自动停止喷油。

在无分电器同时点火系统中，采用小型闭磁路点火线圈，次级线圈的两端分别与两个火

花塞相连接。当初级电流突然切断时，在次级线圈上会感应出上万伏的高压电动势，加到火花塞电极之间，喷出高压火花，点燃气缸内的混合气。然后，当晶体管导通瞬间，初级电流也发生突变，这样在次级线圈中便产生约 1000 V 的电压。在一般的分电器式点火系统中，1000 V 的高压电不足以击穿火花塞产生跳火。因为分电器中的分火头与旁电极之间的间隙较大，必须要有更高的电压才足以跳过这么大的间隙。而在无分电器点火系统中，这样的电压很有可能点燃处于进气冲程中气缸内的混合气。特别是火花塞间隙较小时，火花塞误跳火的可能性就更大。这将会引起回火等现象的发生，使发动机无法正常运转。为防止产生这种现象的出现，在点火线圈的次级绕组中串联一个高压二极管，当功率三极管导通时，产生的感应电动势反向加在高压二极管上，由于二极管的反向截止功能，1000 V 的高压电就无法使火花塞跳火。而当功率三极管截止时，次级绕组产生的高压电与前相反，二极管导通，使火花塞顺利跳火。

（2）无分电器单独点火系统

图 7－14 是尼桑汽车 6 缸发动机上使用的单独点火无分电器式电控点火系统。单独点火就是为每一个气缸的火花塞配备一个点火线圈，单独直接地对每个气缸点火。

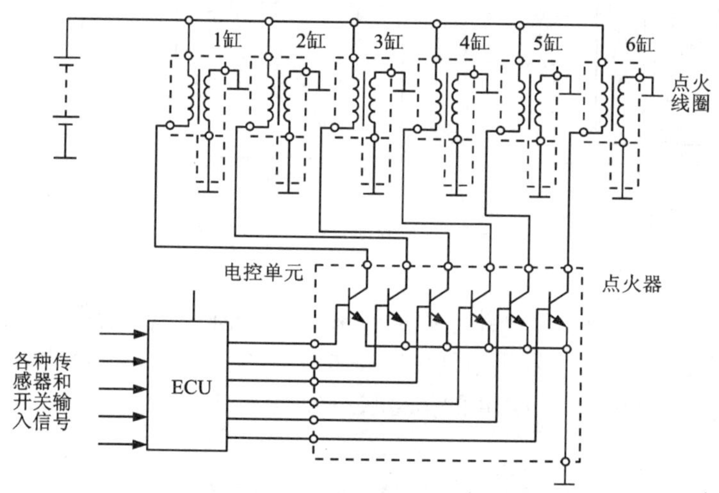

图 7－14　无分电器式单独点火系统

由于每缸都有独立的点火线圈，即使发动机转速很高，点火线圈也有较长的通电时间，可提供足够的点火能量。单位时间内通过点火线圈的初级电路电流较小，点火线圈不易发热，而且体积可以较小，一般点火线圈与火花塞可以制成一体，直接安装在缸盖上，由于没有分电器和高压导线，故其能量损失小、效率高，而且各缸的点火线圈和火花塞均由金属屏蔽，电磁干扰大大减小。

2. 二极管分配式电控点火系统

利用二极管分配高压电的双缸同时点火电路原理如图 7－15 所示。点火线圈由两个初级绕组和一个次级绕组构成，次级绕组的两端通过 4 只高压二极管与火花塞构成回路。对于点火顺序为 1－3－4－2 的发动机，1、4 缸为一组，2、3 缸为另一组。点火控制器中的两只功率三极管分别控制一个初级绕组，两只功率三极管由电控单元 ECU 按点火顺序交替控制其导通与截止。

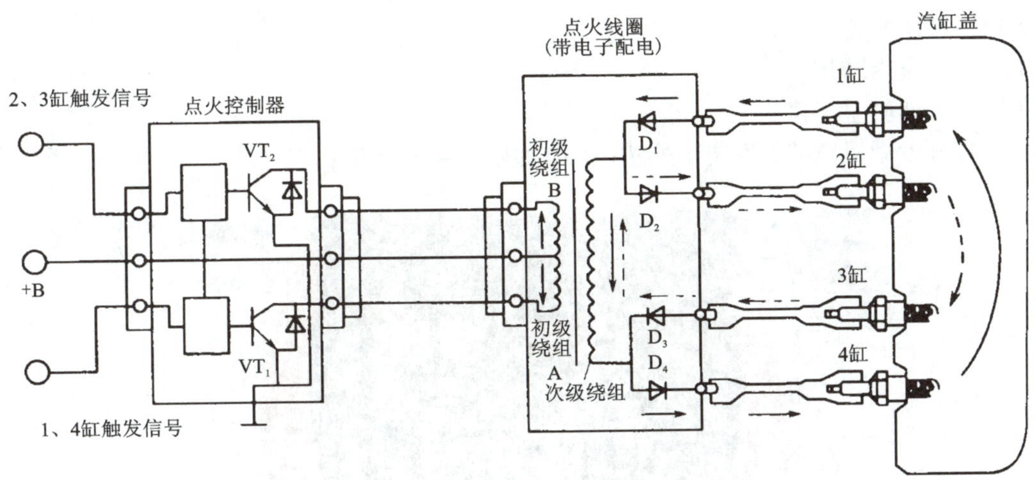

图 7－15 二极管分配式电控点火系统

当电控单元 ECU 将 1、4 缸的点火触发信号输入点火控制器时，功率三极管 VT_1 截止，初级绕组 A 中的电流切断，次级绕组中就会产生高压电动势，方向如图中实线箭头所示。在该电动势的作用下，二极管 D_1、D_4 正向导通，1、4 缸火花塞电极上的电压迅速升高直至跳火，高压放电电流经图中实线箭头所指方向构成回路；D_2、D_3 反向截止，2、3 缸火花塞不能跳火。

当 ECU 将 2、3 缸点火触发信号输入点火控制器时，三极管 VT_2 截止，初级绕组 B 中的电流切断，次级绕组产生高压电动势，方向如图中虚线所示。2、3 缸火花塞跳火而 1、4 缸火花塞不跳火。

7.5 火花塞的检查及更换(VR)

操作微课

VR操作

1. 准备工具和耗材

(1)火花塞专用套筒；

(2)接杆、棘轮扳手；

(3)扭力扳手；

(4)塞尺；

(5)吹气枪；

(6)手电筒；

(7)车内、外防护件；

(8)手套；

(9)抹布。

2. 预检工作

(1)翻阅维修手册，确认有关信息、注意事项等(火花塞的力矩、火花塞的间隙)；
(2)连接尾气排放管；
(3)做好车内防护；
(4)降下驾驶室车窗；
(5)打开发动机舱盖，安装车外防护件，如图 7-16 所示；

图 7-16　做好车外防护

(6)检查三液一电(机油液液位、制动液液位、冷却液液位、蓄电池电压)；
(7)取下气缸盖上的装饰罩。

3. 操作过程

(1)拆卸火花塞：
①使用吹气枪将高压帽周围的灰尘吹干净，如图 7-17 所示。

图 7-17　将高压帽周围的灰尘吹干净

②拔出高压线圈(或拆卸)并检查高压线圈是否有龟裂、损伤、接点氧化等。
③使用手电筒观察火花塞通道内是否有异物，如图 7-18 所示。

④使用工具将火花塞拧出(用棘轮扳手卸力，取下棘轮扳手，用接杆 + 套筒将其拧出)，图 7 - 19 所示。

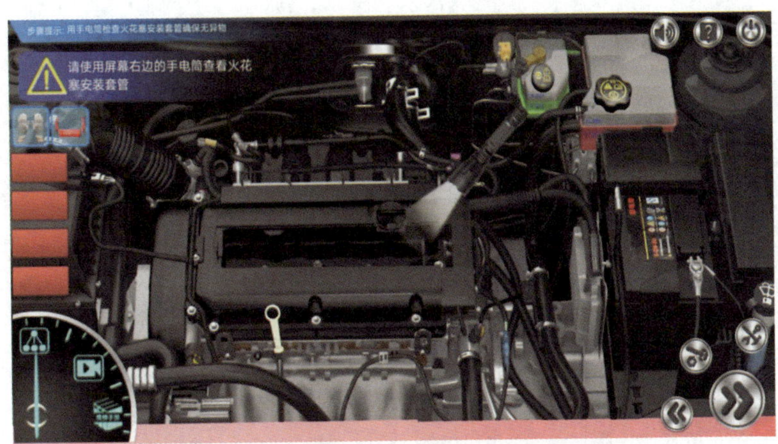

图 7 - 18　查看火花塞通道内是否有异物

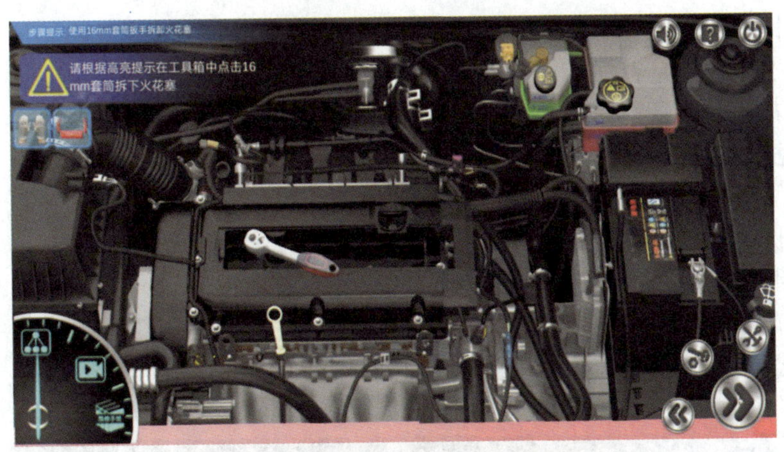

图 7 - 19　将火花塞拧出

拿出火花塞的方法：

- 使用套筒取出；
- 使用高压线圈取出；
- 使用吸铁棒取出。

提示：(拆下来的高压线圈应该按顺序摆放)

- 拆装火花塞时，要等到发动机温度下降后再进行；
- 注意不要让杂质进入火花塞孔；
- 拆装时谨慎操作，避免将火花塞套筒撞击气缸盖；
- 建议使用高压线圈取出火花塞。

⑤取出火花塞之后可用抹布将火花塞通道遮盖，防止异物落入火花塞通道，如图 7－20 所示。

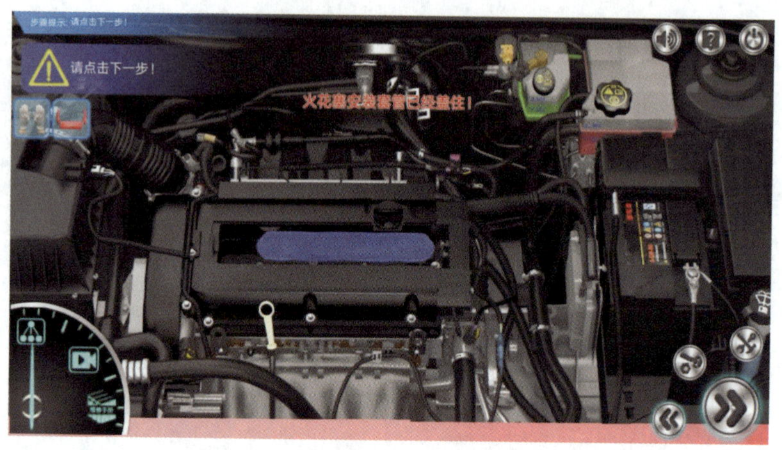

图 7－20　用抹布将火花塞通道遮盖

火花塞的检查：

• 检查端子接线柱是否损坏；
• 检查火花塞套管是否损坏；
• 检查气缸盖的火花塞槽部位是否潮湿；
• 检查绝缘体是否有裂纹；
• 检查电极是否过于脏污，如图 7－21 所示；
• 检查绝缘体是否击穿或有积炭；
• 检查火花塞间隙是否符合要求，如图 7－22 所示；（若间隙不符合要求，可用火花塞间隙规调整。调整间隙时不要让间隙规和绝缘体接触，确保绝缘体不破裂。）

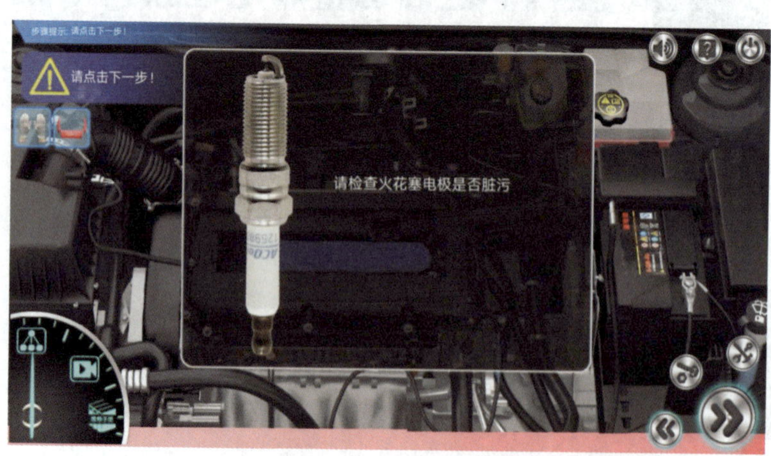

图 7－21　检查火花塞电极

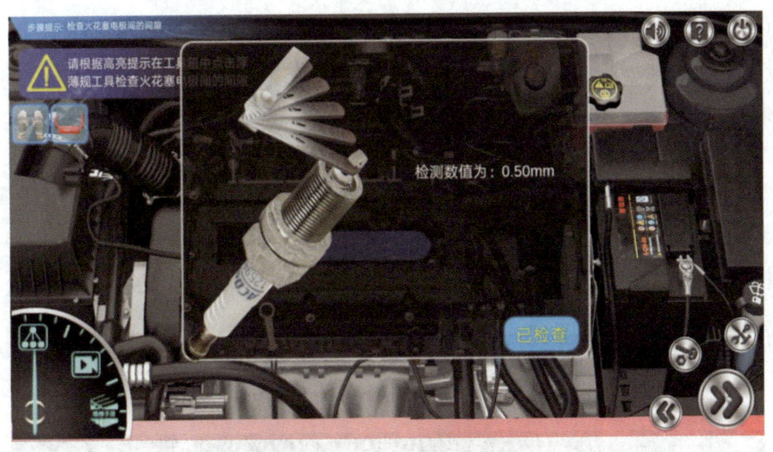

图 7－22 检查火花塞间隙

提示：

- 请勿跌落或震动火花塞；
- 请勿使用钢丝刷清洗；
- 如果火花塞端部有积炭，可以使用火花塞清洁剂进行清洁。

(2)安装火花塞(图 7－23)：

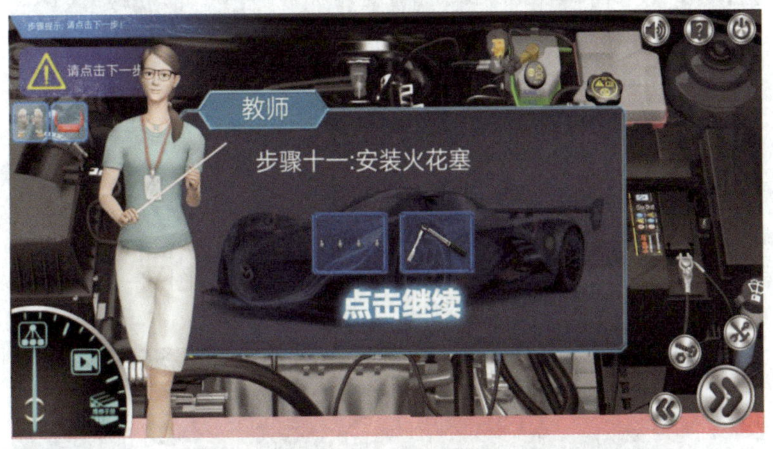

图 7－23 安装火花塞

注意事项：

- 不要使火花塞掉落在坚硬的地板上，这样会造成内部龟裂和火花塞间隙的改变，从而影响到火花塞的点火性能。
- 火花塞间隙请按原厂要求调整，请勿自行调整造成间隙不一致，导致发动机点火不正常。

①调整好火花塞的间隙、检查火花塞的螺纹。

②用专用套筒将火花塞正常旋入火花塞孔，在使用棘轮或扭力扳手拧紧火花塞之前，观察火花塞是否正常入位。

将火花塞正确地安装到火花塞座上的方法：

- 使用专用套筒装入；
- 使用点火高压包装入。

提示：

- 检查火花塞及发动机的密封面是否干净；
- 各车型的火花塞拧紧力矩大小不尽相同，具体应查阅维修手册。

③用接杆将火花塞拧到动不了为止，然后使用扭力扳手打上规定的扭力。

④再次用手电筒检查火花塞通道确保无异物。

⑤装复高压点火装置，如图 7－24 所示。

图 7－24　装复高压点火装置

⑥清洁高压线圈周围。

⑦安装气缸盖上的装饰罩。

⑧起动发动机，查看发动机运行状况(正常即可熄火)，如图 7－25 所示。

图 7－25　查看发动机运行状况

4. 结束工作

(1)清洁发动机舱内部;
(2)收好车、内外防护件;
(3)清理好一次性用品;
(4)收好尾气排放管;
(5)整理现场。

单元练习

一、选择题

1. 下列对于点火系统说法正确的是(　　)。
A. 普通轿车中点火系统中的初级电源为 24 V
B. 点火系统在压缩行程进行点火做功
C. 微机点火控制系统由微机控制装置根据传感器信号确定点火时刻
D. 点火提前角就是活塞到达压缩上止点时火花塞点火

2. 发动机 ECU 根据(　　)信号对点火提前角实行反馈控制。
A. 水温传感器　　B. 曲轴位置传感器
C. 爆燃传感器　　D. 车速传感器

3. 点火闭合角主要是通过对点火线圈中初级线圈的(　　)加以控制的。
A. 通电电流　　B. 通电时间　　C. 通电电压　　D. 通电速度

4. 发动机功率大、压缩比大、转速高时应选用(　　)。
A. 热型火花塞　　B. 中型火花塞　　C. 冷型火花塞　　D. 普通火花塞

5. 当发动机的转速一定而负荷增大时,分电器中的点火提前调节装置将使提前角(　　)。
A. 减小　　B. 增大　　C. 不变　　D. 先增大后减小

二、判断题

1. 发动机的气缸数越多,则次级电压就越大。(　　)
2. 同时点火方式就是一个点火线圈向两个火花塞进行同时点火的。(　　)
3. 使用辛烷值较高的汽油时,应将点火时间略为推迟。(　　)
4. 热型火花塞比冷型火花塞热效率要高。(　　)
5. 发动机转速越高,次级电压就越大。(　　)

8 起动系统

学习目标

- 熟悉起动系统的作用及组成。
- 熟悉起动机的类型及作用。
- 熟悉起动系统的工作原理。
- 了解怠速启停系统。

发动机常用的起动方式有人力起动、辅助汽油机起动和电力起动 3 种形式。其中人力起动最简单，但不方便、劳动强度大，且不安全；辅助汽油机起动的起动装置大、结构复杂，只用于大功率柴油机的起动；电力起动操作简便、起动迅速可靠，并具有重复起动能力，还可以进行远程控制，因而被现代汽车广泛采用。

8.1 起动系统的作用

要使发动机由静止状态过渡到工作状态，必须先使用外力转动发动机曲轴，带动活塞做往复运动。在活塞的作用下，气缸内的可燃混合气燃烧做功，推动活塞向下运动使曲轴旋转。

起动发动机时，必须要克服运转阻力，尤其是压缩冲程气体阻力和各运动件的摩擦阻力，还要求有一定的曲轴转速，称为起动机转速。汽油机要求不低于 150 r/min，若起动转速过低、气体的流速过低、压缩行程的热量损失过大，将使汽油雾化不良，气缸内的混合气不易着火，汽油机是通过火花塞点燃着火的。对于车用柴油机，为了防止气缸漏气和热量散失过多，以保证压缩终了时气缸内有足够的压力和温度，还要保证喷油泵能建立起足够的喷油压力，使气缸内形成足够强的空气涡流，柴油机要求的起动转速较高，达 150 ~ 300 r/min，否则柴油机雾化不良，混合气质量不好，发动机起动困难。此外，柴油机的压缩比比汽油机大，其起动转矩也大，所以柴油机所需的起动功率大，它是由压缩升温自然着火的。

8.2 起动系统的组成及工作原理

1. 起动系统组成

发动机起动系统主要由蓄电池、起动机和起动控制电路等组成。起动控制电路包括点火开关、起动继电器、保险丝、线束连接器以及导线等，如图 8 -1 所示。

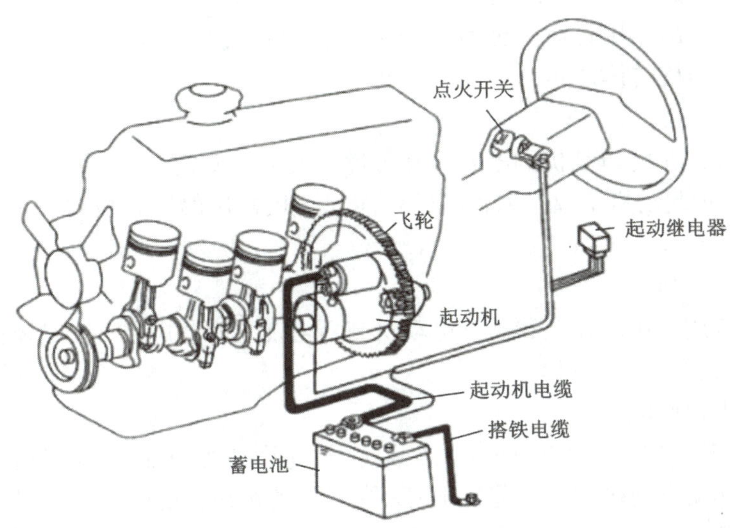

图 8 -1　发动机起动系统

电磁操纵式起动机一般由直流电动机、离合机构和控制装置 3 部分组成。

直流电动机的作用是将蓄电池输入的电能转换为机械能，产生电磁力矩。直流电动机主要由电枢、磁极、换向器等主要部件构成，如图 8 -2 所示。

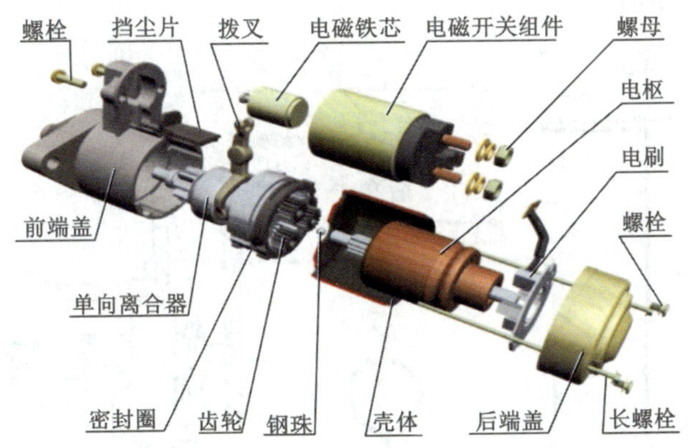

图 8 -2　直流电动机结构

(1)电枢

电枢是直流电动机的旋转部分，为了获得足够的扭矩，通过电枢绕组的电流一般为 200 ~600 A，因此电枢绕组采用比较粗的矩形裸铜线绕制而成。

(2)磁极

磁极一般是 4 个，两对磁极相对交错地安装在电动机定子内壳上。

(3)电刷与电刷架

电刷：电刷是电动机的固定部分和转动部分之间传递能量或信号的装置，它一般由纯碳加凝固剂制成，外形一般是方块，卡在金属支架上，里面有弹簧把它紧压在转轴上，电机转动的时候，将电能通过换向器输送给线圈。

电刷架：电刷架的作用是通过弹簧将压力加在与换向器或集电环表面滑动接触的碳刷上，使其在固定体与旋转体之间稳定地传导电流。

(4)离合机构

离合机构的作用是将电动机的电磁转矩传递给发动机使之起动，同时又能在发动机起动后，自动打滑，保护起动机不致飞散损坏。目前起动机常用的离合机构有滚珠式、摩擦片式和弹簧式三种。

(5)控制装置

控制装置的作用是用来接通和断开电动机与蓄电池之间的电路，同时还能接入和切断点火线圈的附加电阻。

2. 起动系统工作原理

电磁操纵式控制机构，俗称电磁开关，其使用方便，工作可靠，并适合远距离操纵，所以目前应用广泛。起动发动机时，接通总开关，按下起动按钮，吸拉线圈和保持线圈的电路被接通，起动机电路接通，如图 8－3 所示。发动机起动后，在松开起动按钮的瞬间，吸拉线圈和保持线圈是串联关系，两线圈所产生的磁通方向相反，互相抵消，于是活动铁芯在复位弹簧的作用下迅速回位，使驱动齿轮退出啮合，接触盘在其右端小弹簧的作用下脱离接触，主开关断开，切断了起动机的主电路，起动机停止运转。

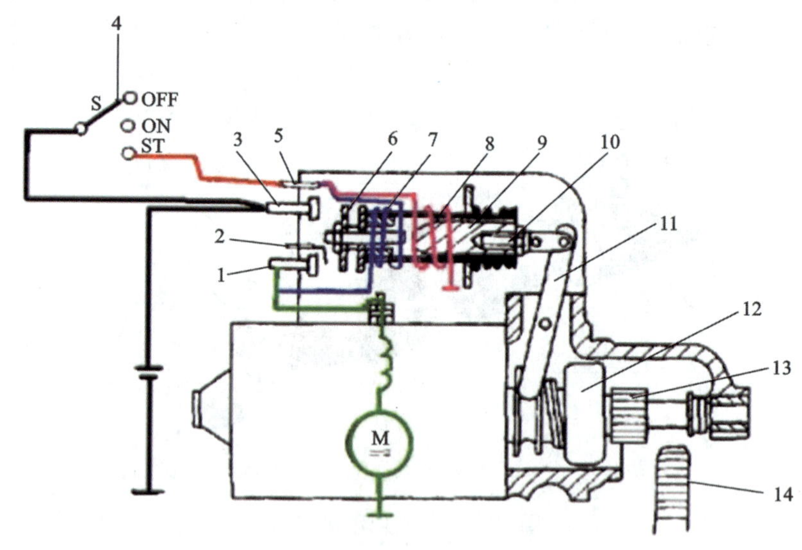

图 8－3　起动系统工作原理

1、3—主接线柱；2—点火线圈附加电阻短路接线柱；4—点火开关；5—起动接线柱；6—接触盘；7—吸拉线圈；8—保持线圈；9—活动铁芯；10—调节螺钉；11—拨叉；12—单向离合器；13—驱动齿轮；14—飞轮

3. 自动启停功能

发动机自动启停就是在车辆行驶过程中临时停车(例如等红灯)的时候，自动熄火。当需要继续前进的时候，系统自动重启发动机的一套系统。英文名称为 STOP&START，简称 STT。STT 智能节油系统是一套控制发动机起动和停止的系统。

它是通过在传统发动机上植入具有怠速启停功能的加强电机，使汽车在满足怠速停车条件时，发动机完全熄灭不工作。当整车再需要起动前进时，怠速启停电机系统迅速响应驾驶员起动命令，快速起动发动机，瞬时衔接，从而大大减少油耗和废气排放。通过此项技术在一般路况条件下可以节约5%的燃油，而在拥堵路段中最高可以节约15%左右的燃油。据权威机构测试，此项技术的使用将使一辆普通轿车每年节省10%至15%的燃料。

启停系统的工作原理是，当车辆因为拥堵或者路口红灯停止行进，驾驶员踩下制动踏板，停车摘挡。这时候，SST系统自动检测：发动机空转且没有挂挡；防锁定系统的车轮转速传感器显示为零；电池传感器显示有足够的能量进行下一次起动。满足这三个条件后，发动机自动停止转动。而当可以行进时，驾驶员踩下离合器，随即就可以快速地起动发动机。在自动挡车型上，只要一松开刹车，或者转动方向盘，发动机又会马上自动点火，立即又可以踩油门起步，整个过程都处于D挡状态。

其实频繁起动并不会对发动机造成多大磨损，发动机内部主要靠油膜润滑，鉴于自动启停的时间都很短，被机油泵打上去的机油不会都流回去，零件上还是保留了很多机油，再起动而且是热起动对发动机没什么影响。传统上对发动机磨损大的是冷起动和高温起动，冷起动以目前的机油技术，只要能用好些的机油其对磨损的影响应该是低于高温带来的折寿。对于会不会缩短电瓶寿命这一点来说是肯定的，但是一般的启停系统都不会在电瓶亏电和车辆刚发动的时候就马上起动，它会在车辆行驶一段距离，保证电瓶有充足电量的时候起动。所以对于电瓶寿命虽然会有影响，但也是微乎其微的。

起动机的基本维护：起动机属于汽车中贵重部件，轻易不会损坏，但是为了延长起动机的使用寿命，汽车起动机恰当的使用方法也是必需的。起动机在起动发动机的过程中，要从蓄电池引入300～400A·h的电量，因此为了防止蓄电池出现过流或损坏的现象，起动时间不应超过5 s；冬季容易出现起动困难的现象，多次起动时每次起动时间不宜过长，各次起动中也应留有适当间隔。

8.3 发动机起动过程

图8－4为附加继电器控制的起动系统电路，该电路主要有两个作用：一是控制起动机主电路的通断；二是控制驱动齿轮与飞轮的啮合与分离。

1. 起动开关接通时

起动时，当点火开关拨至起动挡使起动电路接通后，就形成了下述电流通路。

(1)起动继电器触点闭合，电磁铁电路接通

点火开关拨至起动挡后，起动继电器的线圈电流通路为：蓄电池正极－点火开关－起动继电器线圈－搭铁－蓄电池负极；这一电流通路使继电器线圈产生磁场，在电磁力的作用下继电器触点闭合，于是就接通了电磁起动机控制机构中吸引线圈和保持线圈电路。

吸引线圈的电流通路为：蓄电池正极－继电器触点－吸引线圈－起动机开关接线柱－起动机磁场绕组(定子绕组)－起动机电枢绕组(转子绕组)－搭铁－蓄电池负极。

保持线圈的电流通路为：蓄电池正极－继电器触点－保持线圈－搭铁－蓄电池负极。

(2)驱动齿轮与飞轮啮合

当电流通过吸引线圈和保持线圈后，由于两者产生的磁场方向一致，磁场增强，磁化固

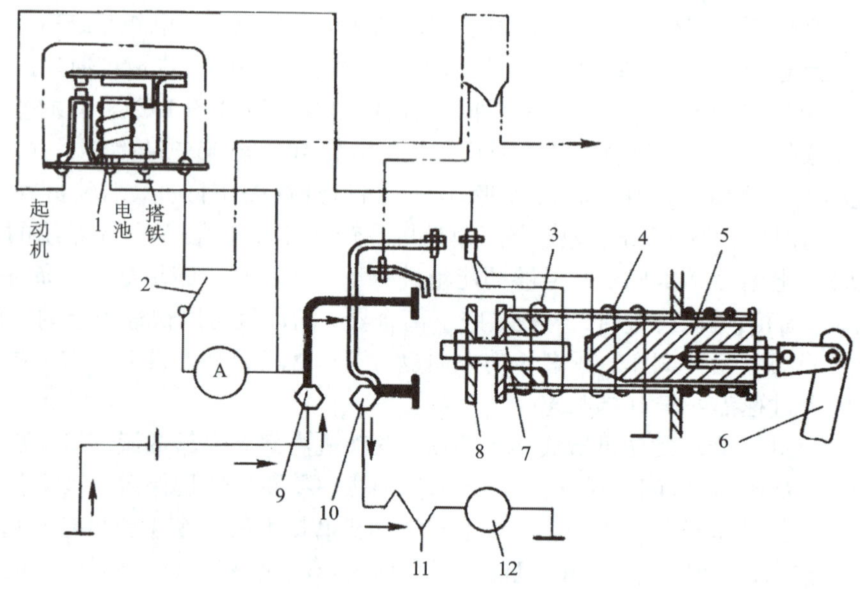

图 8－4　起动系统电路

1—起动继电器；2—点火开关；3—吸引线圈；4—保持线圈；5—活动铁芯；6—拨叉；7—推杆；8—主接触盘；9、10—起动机开关接线柱；11—磁场绕组；12—电枢绕组

定铁芯产生吸力，使活动铁芯被吸向固定铁芯一边，使主接触盘接通起动机开关接线柱 9、10。同时活动铁芯的后端带动拨叉上端前移、下端后移，迫使驱动齿轮与飞轮的啮合。

（3）起动机开关接通起动发动机

当起动机开关接通起动机开关接线柱 9、10 后，电动机的主电流通路将被接通：蓄电池正极－开关接线柱 9－主接触盘－起动机开关接线柱 10－磁场绕组－电枢绕组－搭铁－蓄电池负极。

由于这一电流通路中的电阻很小，电流可达几百安培，使电动机产生较大的转矩，经离合器带动发动机起动。

起动机开关触点接通时，吸引线圈被短路，活动铁芯依靠保持线圈的磁力使其保持在吸合位置。

另外，在起动机开关触点接通的同时，主接触盘也与点火线圈附加电阻接线柱内的黄铜片接触，使点火线圈附加电阻短路，从而保证可靠点火。

2. 起动开关断开

（1）起动继电器触点断开

起动后，立即放松点火开关（即脱离起动挡），起动继电器线圈首先断电，接着起动继电器触点断开。保持线圈中的电流经起动机开关接线柱 9－主接触盘－起动机开关接线柱 10－吸引线圈－保持线圈－搭铁构成回路。此时，两线圈产生的磁场方向相反，相互抵消，于是活动铁芯在回位弹簧的作用下退回原位。活动铁芯后移时主接触盘退出，电动机上电路切断，电动机停止工作。

(2)驱动齿轮与飞轮分离

在主接触盘离开起动机开关接线柱 9 和 10、活动铁芯退回的同时，推动拨叉上端后移，拨叉的下端则带动滑环前移，迫使驱动齿轮与飞轮分离。

8.4　蓄电池的检查及更换(VR)

操作微课

VR操作

1. 准备工具和耗材

(1)拆装工具；

(2)蓄电池检测仪；

(3)防护套件；

(4)维修手册。

2. 预检工作

(1)查阅维修手册，记录相关信息；

(2)做好车内、外防护(图 8－5)，降下驾驶侧车窗，拉起发动机舱盖释放杆；(下车时应当关好车门)

图 8－5　做好车外防护

(3)连接尾气排放管；

(4)检查蓄电池端子是否腐蚀、损坏，连接导线是否松动，壳体是否损坏；

(5)检查电解液位是否正常；

(6)检查通风孔塞是否堵塞、损坏；

(7)检查蓄电池电压。

3. 操作过程

(1)先拆卸蓄电池负极桩头，再拆卸蓄电池正极桩头，如图 8 –6 所示；

(2)拆卸蓄电池固定装置，将旧蓄电池取出；

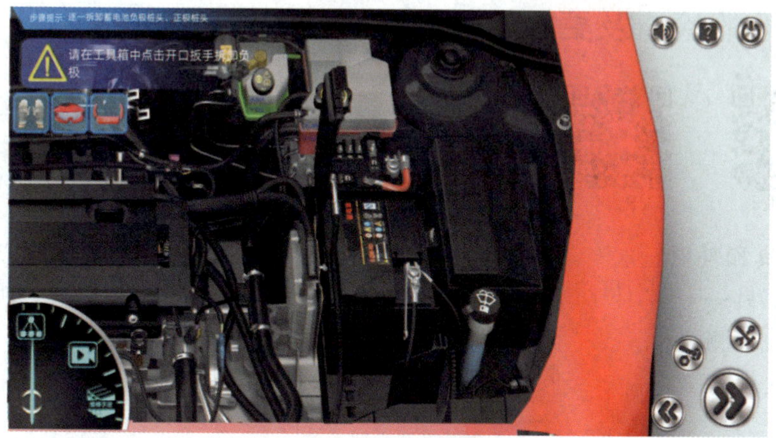

图 8 –6　拆卸蓄电池正负极桩头

(3)使用蓄电池检测仪检测新蓄电池，如合格则安装新蓄电池，如图 8 –7 所示；

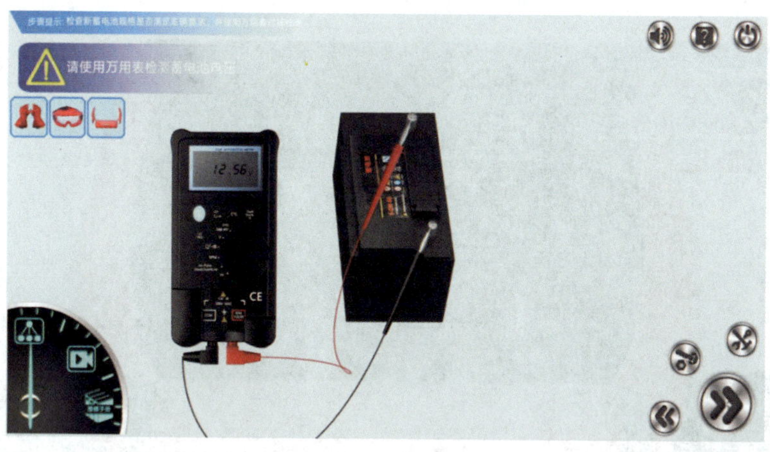

图 8 –7　检测新蓄电池

(4)先安装蓄电池正极桩头，再安装蓄电池负极桩头，最后安装固定装置，如图 8 –8 所示；

(5)起动发动机，进行车辆初始化设定，如：日期、时钟，车窗等，如图 8 –9、图 8 –10、图 8 –11 所示。

4. 结束工作

(1)清洁发动机舱内部；

(2)收防护套件，关闭发动机舱盖；升起左侧车窗(钥匙应当带出车辆)；

图 8－8　安装蓄电池

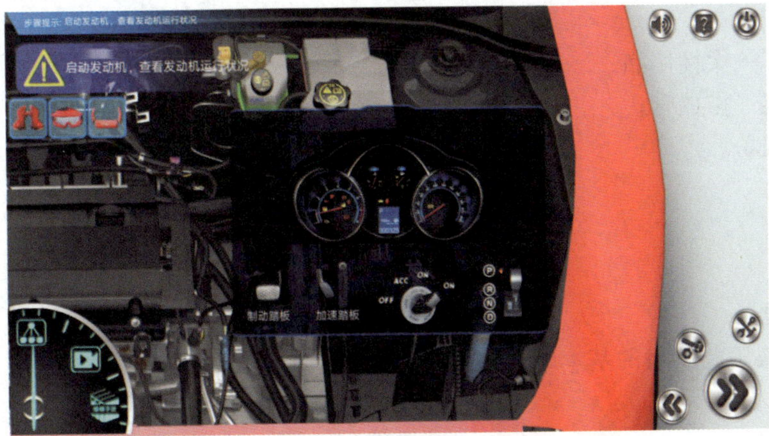

图 8－9　起动发动机

图 8－10　车窗检测

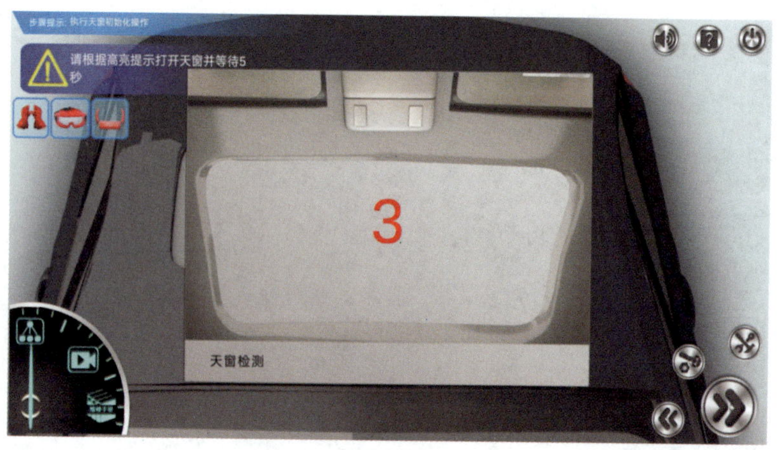

图 8-11　天窗检测

(3)填写工单；

(4)清理好一次性用品；

(5)收好尾气排放管；

(6)整理现场。

单元练习

一、选择题

1. 下列不属于起动机的基本组成是(　　)。

A. 电磁开关　　B. 传动机构

C. 控制装置　　D. 转子

2. 发动机起动后，发动机转速比起动机快，这时哪个元件对起动机起保护作用？(　　)

A. 直流电动机　　B. 小齿轮

C. 单向离合器　　D. 花键轴

3. 起动机无力起动时，短接起动开关两主接线柱后，起动机转动仍然缓慢无力，甲认为起动机本身故障，乙认为电池电量不足，你认为(　　)。

A. 甲对　　B. 乙对

C. 甲乙都对　　D. 甲乙都不对

4. 起动机在汽车的起动过程中是(　　)。

A. 先接通主电路，然后让起动机驱动齿轮与发动机飞轮齿圈正确啮合

B. 先让起动机驱动齿轮与发动机飞轮齿圈正确啮合，然后接通主电路

C. 在接通主电路的同时，让起动机驱动齿轮与发动机飞轮齿圈正确啮合

D. 以上都不对

5. 空载试验的持续时间不能超过(　　)。

A. 5 s　　B. 10 s　　C. 1 min

二、判断题

1. 串励直流式电动机中“串励”的含义是四个励磁绕组相串联。(　　)
2. 起动机转速愈高，流过起动机的电流愈大。(　　)
3. 对功率较大的起动机可在轻载或空载下运行。(　　)
4. 点火开关转向起动位置的瞬间，保持线圈和吸引线圈均被激活。(　　)
5. 单向滚柱式啮合器的外壳与十字块之间的间隙是宽窄不等的。(　　)

9 进气系统

学习目标

- 熟悉进气系统的作用及组成。
- 熟悉空气滤清器的类型及作用。
- 熟悉节气门的结构及作用。
- 了解可变进气歧管系统。

9.1 进气系统概述

进气系统的功用是尽可能多、尽可能均匀地向各缸供给可燃混合气或纯空气。发动机工作时，驾驶员通过加速踏板操纵节气门的开度，以此来改变进气量，控制发动机的运转。进入发动机的空气经空气滤清器滤去尘埃等杂质后，流经空气流量计，沿节气门通道进入动力腔，再经进气歧管分配到各个气缸中；发动机冷车怠速运转时，部分空气经附加空气阀或怠速控制阀绕过节气门进入气缸。柴油机中空气经空气滤清器过滤后，进入进气歧管，经进气门进入气缸。

9.2 进气系统的组成及工作原理

对于非缸内直喷式汽油机的进气，空气依次流过空气滤清器—节气门体—进气歧管—进气门—气缸，节气门体控制发动机进气量，位于节气门体前方的空气流量计(或位于节气门体后方的进气压力传感器)测量进气量，位于进气歧管末端的喷油器喷出适量汽油，与空气形成可燃混合气后进入气缸(图 9－1)。而缸内直喷发动机的进气歧管没有喷油器，新鲜空气直接进入气缸。

1. 空气滤清器

燃油燃烧需要大量的空气。以普通轿车为例，每消耗 1 L 汽油需要消耗 5000～10000 L 空气。大量的空气进入气缸，若不将其中的杂质或灰尘滤除，必然加速气缸的磨损，缩短发动机使用寿命。实践证明，发动机不安装空气滤清器，其寿命将缩短 2/3。空气滤清器的功用主要是滤除空气中的杂质或灰尘，让洁净的空气进入气缸。另外，空气滤清器也有降低进气噪声的作用。

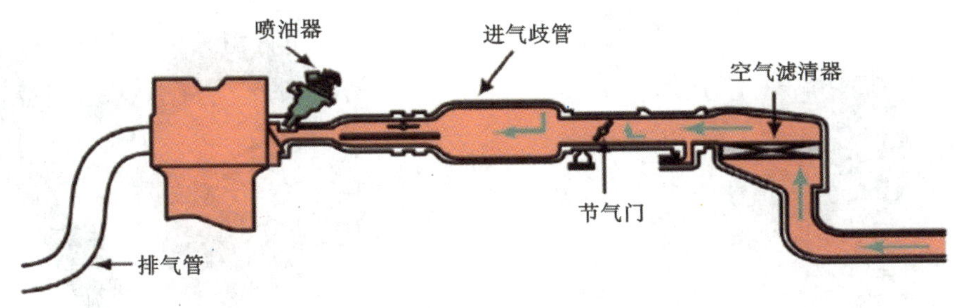

图 9－1　进气系统结构

发动机大多使用干式纸滤芯空气滤清器，它由纸滤芯和滤清器外壳组成，滤清器外壳包括滤清器盖和滤清器外壳底座，滤芯安装在滤清器外壳中，滤芯的上、下表面是密封面，滤清器外壳安装好后，滤芯上密封面和下密封面分别与滤清器盖及滤清器外壳底座的配合面紧密贴合（图 9－2）。空气滤清器滤芯是用树脂处理的微孔滤纸经折叠、模压、黏结而制成的，滤纸打褶是为了增加滤芯的过滤面积和减小滤芯阻力。滤芯外面是多孔金属网，用来保护滤芯在运输和保管过程中不至于造成滤纸破损。滤芯的边缘浇有耐热塑料溶胶，以保持滤纸、金属网和密封面相互间的位置固定。

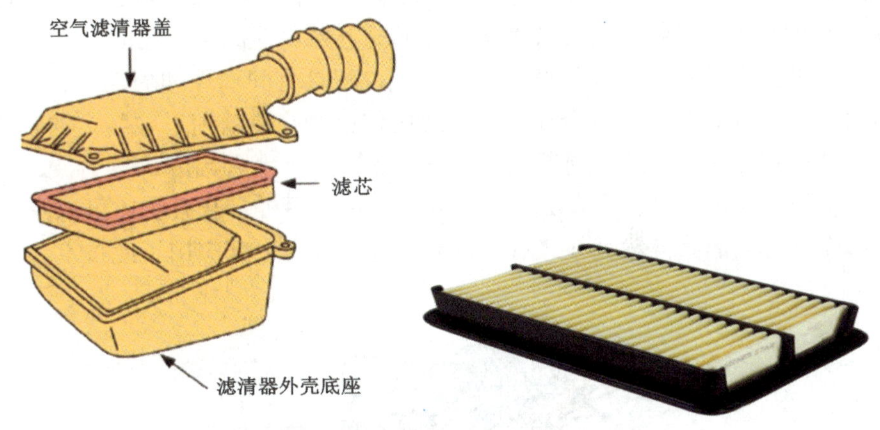

图 9－2　干式纸滤芯空气滤清器

2. 节气门

节气门是控制空气进入发动机的一道可控阀门，气体进入进气管后会和汽油混合变成可燃混合气，从而燃烧做功。它上接空气滤清器，下接发动机缸体，被称为是汽车发动机的咽喉。

节气门有传统拉线式节气门和电子节气门两种，如图 9－3、图 9－4 所示。传统拉线式节气门操纵机构是通过拉索（软钢丝）或者拉杆，一端连接油门踏板，另一端连接节气门连动板而工作。电子节气门主要通过节气门位置传感器，根据发动机所需气量，由电脑控制节气门的开启角度，从而调节进气量的大小。

图9－3 拉线式节气门

图9－4 电子节气门

3. 进气道

进气道通常指进气歧管，即节气门与气缸盖进气道之间的管路。进气道的作用是形成可燃混合气，并将可燃混合气分配到各气缸。各缸进气道长度应尽可能相等，以保证气体尽可能均匀地分配到各个气缸，且内壁尽可能光滑，减少流动阻力，提高进气效率。现代发动机的进气歧管通常使用塑料复合材料或铝合金材料制造。塑料复合材料进气歧管可塑性好、质量轻、成本低，内表面光滑，可以加工出各种不同形状，提高充气效率；铝合金进气歧管强度高，多用于增压发动机，典型进气道结构简单(图9－5)，仅通过节气门体控制进气量。怠速时，进气量由节气门体上的怠速控制装置控制；其他工况下，进气量一般由节气门翻板控制。典型进气道的长度和形状是特定的，以兼顾各种工况下的发动机充气效率。在典型进气道中添加谐振腔，可以提高发动机充气效率。由于进气过程具有间歇性和周期性，进气歧管内会产生一定幅度的压力波，此压力波会在进气系统内传播和往复反射。在特定的转速下，进气门关闭之前，谐振腔与气门的进气周期配合，进气歧管内产生大幅度的压力波，使进气歧管的压力增高，从而增加进气量，调节发动机的最大扭矩。另外，谐振腔还可以有效降低进气噪声，如今市面上绝大部分自然吸气式汽车发动机进气管道上都应用了此技术。

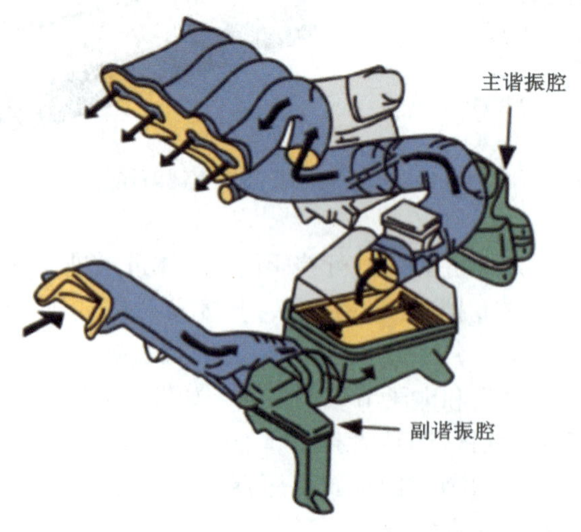

图9－5 进气道结构

4. 可变进气歧管

为了充分利用进气波动效应和尽量缩小发动机在高、低速运转时进气速度的差别，从而达到改善发动机经济性及动力性特别是改善中、低速和中、小负荷时的经济性和动力性的目的，要求发动机在高转速、大负荷时装备粗短的进气歧管；而在中、低转速和中、小负荷时配用细长的进气歧管。可变进气歧管就是为适应这种要求而设计的，如图 9 －6 所示。可变进气歧管在所有转速下都可以使发动机转矩平均提高 5% 。

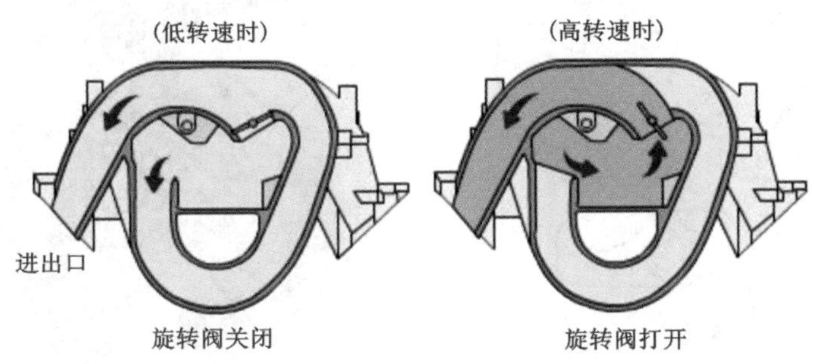

图 9 －6　可变进气歧管

5. 可变气门正时

气门正时是指发动机气门开启的时间，而可变气门正时(VVT，Variable Valve Timing)可以控制发动机气门开启时间，是一种用于汽车活塞式发动机中的技术(图 9 －7)。VVT 技术可以调节发动机进气排气系统的重叠时间与正时(其中一部分或者全部)，降低油耗并提升效率。

发动机的气门可比作是一扇门，门开启的大小和时间长短，决定了进出的人流量。门开启的角度越大，开启的时间越长，进出的人流量越大，反之亦然。同样的道理用于发动机上，就产生了气门升程和正时的概念。气门升程就好比门开启的角度，气门正时就好比门开启的时间。以立体的思维观点看问题，角度加时间就是一个空间的大小，它也决定了在单位时间内的进、排气量。

发动机的气门通常由凸轮轴带动，对于没有可变气门正时技术的普通发动机而言，进、排气门开闭的时间都是固定的，但是这种固定不变的气门正时却很难顾及发动机在不同转速和工况时的需要。前面说过发动机进、排气的过程犹如人体的呼吸，不过固定不变的“呼吸”节奏却阻碍了发动机效率的提升。如果你参加过长跑比赛，就能深刻体会到呼吸节奏的把握对体能发挥的重要性——太急促或刻意的屏息都可能增加疲劳感，使奔跑欲望降低。所以，我们在长跑比赛时往往需要不断按照奔跑步伐来调整呼吸频率，以便时刻为身体提供充足的氧气。对于汽车发动机而言，这个道理同样适用。可变气门正时和升程技术就是为了让发动机在各种负荷和转速下自由调整“呼吸”，从而提升动力表现，提高燃烧效率。

6. 涡轮增压器

涡轮增压由发动机排出的废气驱动。涡轮由两部分组成，一是新鲜空气增压端(压缩泵轮)，另一部分为废气驱动端(废气涡轮)，两端各有一个叶轮，在同一轴上的两边涡轮之间还有一个泄压触发器，设在废气涡轮那边，当压缩涡轮压力过大，压力便会推动触发器将废气涡轮的阀门打开，降低气压，以防止增压过度。涡轮增压系统如图 9 －8 所示。

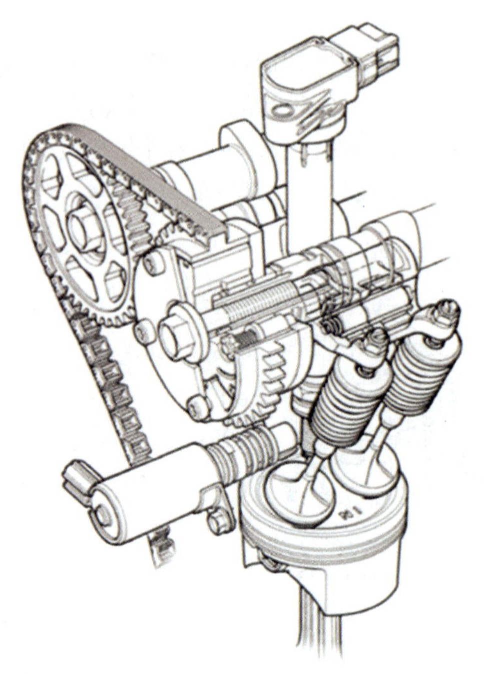

图 9－7　可变气门正时系统

排气歧管
气缸排出的废气
涡轮
来自空气滤芯器的空气
流向排气管的废气
流向进气管的压缩空气

图 9－8　涡轮增压系统

涡轮轮轴的支承为轴套，轴套里边的轴承设计可以分为滚珠轴承和浮动轴承。涡轮增压器叶轮的旋转动力来自废气。废气带动涡轮，在涡轮的另一边，叶片压缩空气。涡轮增压器壳体为镍、铬和硅合金材料，轴为铬和钼合金材料。更重要的是，涡轮增压器是在高温、高速条件下工作的，为保证其正常工作，在涡轮增压器中通入了机油和冷却液，以保证有效的润滑和冷却，改善工作条件。

发动机排出的具有高温和一定的压力的废气进入增压器中，推动轴的叶轮以每分钟高达数万甚至几十万转的高速度旋转，怠速时，叶轮转速为 12000 转/分，当全负荷时，叶轮转速可超过 135000 转/分，普通的轴承是无法承受如此高速而产生的高温和磨损的，所以在涡轮增压系统里边机油的润滑和冷却作用至关重要。柴油发动机也有不少装配涡轮增压系统的，而且柴油发动机的最大增压值普遍比汽油发动机的最大值高。也正是为了涡轮增压器良好的散热需要，一般装有涡轮增压器的车辆要求熄火前怠速运行片刻。

A/R 值在改装市场的涡轮增压器销售手册上常有标明，用以表达涡轮的特性，*A* 是 Area（面积）的意思，指的是叶片涡轮接受废气的侧入口最窄处的横截面积，*R* 是 Radius（半径），指的是 *A*（横截面积）的中心点与涡轮本体中心点的距离，面积与两中心点距离的比值，就是 *A/R* 值。

A/R 值越小，表示入口相对较小而涡轮叶片的起动惯性低，流速相对高，低转反应比较好，涡轮迟滞效应不明显。反之，*A/R* 值越大入口较大，叶片惯性高，低转反应比较迟钝，涡轮迟滞效应较明显，但在高转（高速转动）时表现则刚烈得多。简单而言，较注重高转功率输出的涡轮，*A/R* 值可以达到 0.7 左右，而注重低转扭力输出的涡轮，*A/R* 值大约为 0.2。保时捷的 VTG 可变涡轮几何叶片技术则是通过改变涡轮的 *A/R* 值达到不同的涡轮特性。

9.3 空气滤芯的检查与更换(VR)

操作微课

VR操作

1. 准备工具和耗材

(1)十字螺丝刀;
(2)套筒;
(3)接杆、棘轮扳手;
(4)扭力扳手;
(5)车内、外防护件;
(6)手套;
(7)抹布。

2. 预检工作

(1)查找维修手册,记录相关信息;
(2)做好车内防护,并降下左侧车窗,拉起发动机舱盖释放杆(下车时应当关好车门);
(3)做好车外防护,如图 9-9 所示。

图 9-9　做好车外防护

3. 操作过程

(1)使用十字螺丝刀对角拆卸空气滤清器盖罩的螺栓,如图 9-10 所示;
(2)使用套筒扳手拧松进气管管夹螺栓,如图 9-11 所示;
(3)拔下进气温度传感器插头,取下空气滤清器盖罩;
(4)取下空气滤清器,擦拭空气滤清器舱内灰尘,如图 9-12 所示;

图 9－10　拆卸空气滤清器盖罩的螺栓

图 9－11　拧松进气管管夹螺栓

图 9－12　擦拭空气滤清器舱内灰尘

(5)安装新的空气滤清器，如图9－13所示；

图9－13 安装新的空气滤清器

(6)安装空气滤清器盖罩，拧紧空气滤清器盖罩的螺栓；
(7)使用套筒扳手拧紧进气管管夹螺栓；
(8)连接进气温度传感器插头。

4. 结束工作

(1)清洁发动机舱内部；
(2)收车外三件套，关闭发动机舱盖；
(3)收车内五件套，升起左侧车窗(钥匙应当带出车辆)；
(4)填写工单；
(5)清理好一次性用品；
(6)整理现场。

9.4 节气门清洗(VR)

操作微课

VR操作

1. 准备工具和耗材

(1)十字螺丝刀；
(2)套筒；
(3)接杆、棘轮扳手；
(4)塑料胶棒；
(5)清洗剂；
(6)车内、外防护件；
(7)手套；

(8)抹布。

2. 预检工作

(1)查找维修手册，记录相关信息；

(2)做好车内防护，并降下左侧车窗，拉起发动机舱盖释放杆(下车时应当关好车门)；

(3)做好车外防护；

(4)连接尾气排放管，如图 9－14 所示。

图 9－14　连接尾气排放管

3. 操作过程

(1)使用十字螺丝刀对角拆卸空气滤清器盖罩的螺栓；

(2)使用套筒扳手拧松进气管管夹螺栓；

(3)拔下进气温度传感器插头，取下空气滤清器盖罩；

(4)取下空气滤清器；

(5)拔下进气总管，如图 9－15 所示；

图 9－15　拔下进气总管

(6)使用塑料胶棒抵住节气门翻板，使节气门打开，如图 9-16 所示；

图 9-16 打开节气门

(7)使用清洗剂和抹布，清洗节气门，如图 9-17、图 9-18 所示；

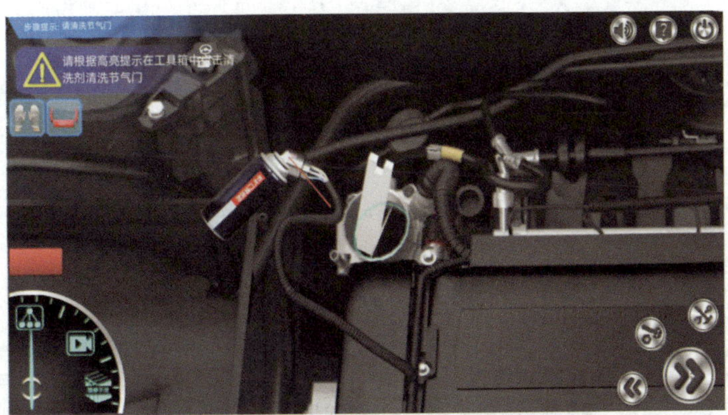

图 9-17 喷清洁剂

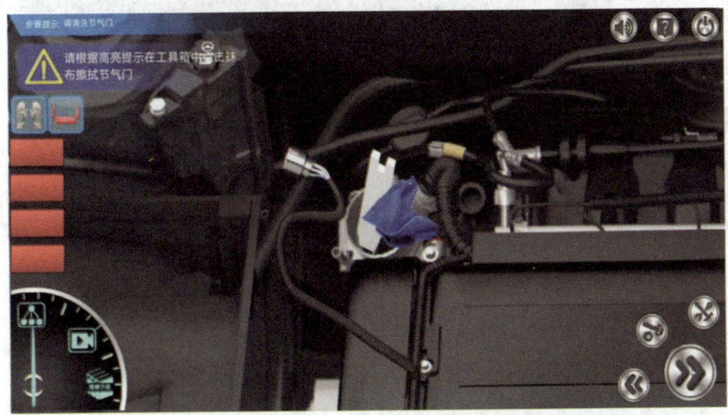

图 9-18 擦拭节气门

(8)清洗干净后，取下塑料胶棒，如图 9－19 所示；

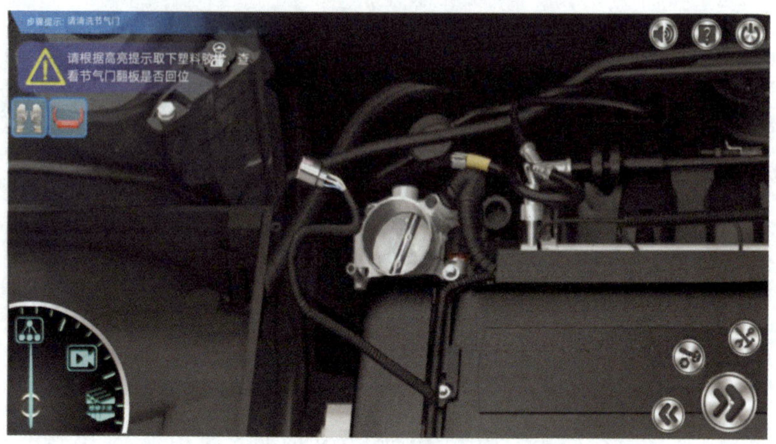

图 9－19　取下塑料胶棒

(9)安装进气总管；

(10)安装空气滤清器；

(11)安装空气滤清器盖罩，拧紧空气滤清器盖罩的螺栓；

(12)使用套筒扳手拧紧进气管管夹螺栓；

(13)连接进气温度传感器插头；

(14)所有需要安装的部件安装到位后，起动车辆，检查发动机怠速是否正常，如图 9－20 所示。

图 9－20　检查发动机怠速是否正常

(15)确认怠速正常后，关闭发动机。

提示：如果发动机抖动或者发动机怠速运转不良，请使用专用诊断仪对车辆进行节气门匹配。

4. 结束工作

(1)清洁发动机舱内部；

(2)收车外三件套，关闭发动机舱盖；

(3)收车内五件套，升起左侧车窗(钥匙应当带出车辆)；

(4)收起尾气排放管；

(5)填写工单；

(6)清理好一次性用品；

(7)整理现场。

单元练习

一、选择题

1. (多选)空气滤清器的作用不包括？(　　)

A. 在混合燃油前过滤空气

B. 降低进气噪声

C. 降低进气速度

D. 预热进气，使燃油雾化更好

2. 在可变进气系统中，发动机高速运转时，进气道长度应该如何变化？(　　)

A. 变细变长

B. 变粗变短

C. 维持不变

D. 变粗变长

3. 在下列的部件中，不属于发动机进气系统的是(　　)。

A. 节气门体

B. 空气滤清器

C. 进气歧管

D. 消声器

4. (多选)如果进气管路有泄漏的地方，可能出现的现象是(　　)。

A. 吸入到气缸内的灰尘和脏物造成发动机磨损

B. 改变了进气量的大小，影响发动机动力性

C. 进气量的增大，会提高发动机的功率

D. 怠速工况下，造成发动机怠速不稳

5. 以下关于进气系统说法正确的是(　　)。

A. 拉线式节气门的开闭直接是由电脑控制决定的

B. 空气滤清器一般是不需要进行更换的

C. 进气歧管的材质一般是以铸铁居多

D. 可变进气歧管主要是通过进气效率来改变发动机功率的

二、判断题

1. 高速发动机为了提高充气和排气性能，往往采用增加进气提前角和排气迟后角方法，以改善发动机性能。(　　)

2. 进气系统的作用是为发动机提供清洁的空气并控制发动机正常工作时的进气量。(　　)

3. 对于非缸内直喷式汽油机的进气，空气依次流过空气滤清器—节气门体—进气门—气缸。(　　)

4. 谐振腔不可以有效降低进气噪声。(　　)

5. 可变进气歧管在所有转速下都可以使发动机转矩平均提高 5%。(　　)

10 排气系统

学习目标

- 熟悉排气系统的作用及组成。
- 熟悉排气管的类型及作用。
- 熟悉三元催化器的结构及作用。
- 了解尾气的危害。

10.1 排气系统概述

新鲜空气与汽油混合进入引擎燃烧后，产生高温高压的气体推动活塞，当气体能量释放后，对引擎就不再有价值，这些气体就成为废气被排放出引擎外。废气自气缸排出后，随即进入排气歧管，各缸的排气歧管汇集后，经过排气管将废气排出。排气歧管长度及弯度也要设计成尽量相同，使各缸的排气都能一样地顺畅。

发动机排气系统(图 10－1)的作用是将空气和燃油的废气排出气缸，同时尽可能减小排气阻力和噪声，并将气缸内的废气净化后排到大气中。

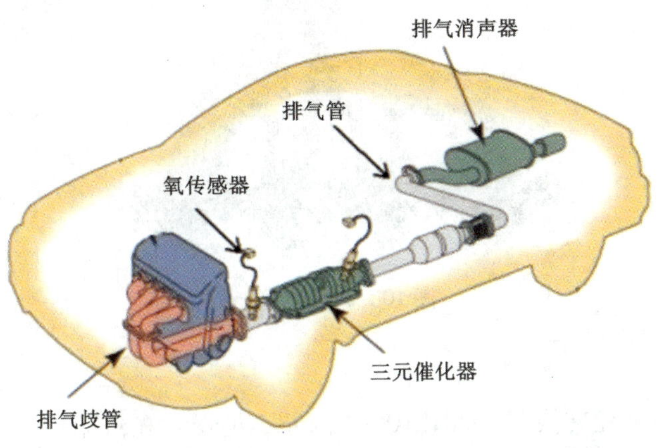

图 10－1 排气系统

10.2 排气系统的组成及工作原理

排气系统是由排气歧管、排气管、三元催化器、排气温度传感器、消声器和排气尾管等组成，如图 10－2 所示。

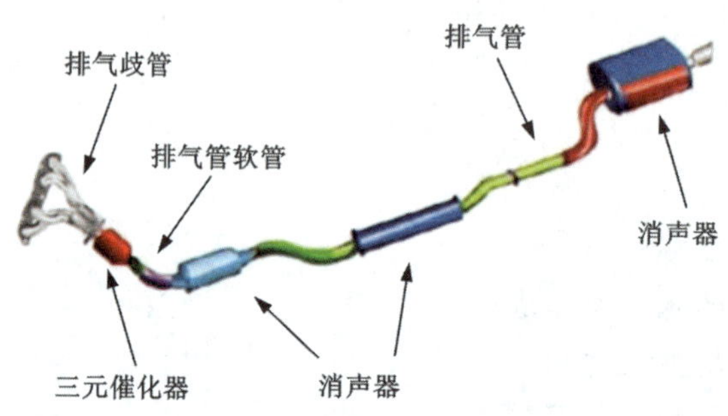

图 10－2 排气系统的组成

1. 排气歧管

排气歧管，是与发动机气缸体相连的，将各缸的排气集中起来导入排气总管，带有分歧的管路，如图 10－3 所示。对它的要求主要是，尽量减少排气阻力，并避免各缸之间相互干扰。排气过分集中时，各缸之间会产生相互干扰，也就是某缸排气时，正好碰到别的缸窜来的没有排净的废气。这样，就会增加排气的阻力，进而降低发动机的输出功率。解决的办法是，使各缸的排气尽量分开，每缸一个分支，或者两缸一个分支，并使每个分支尽量加长并独立成型以减少不同管内的气体相互影响。

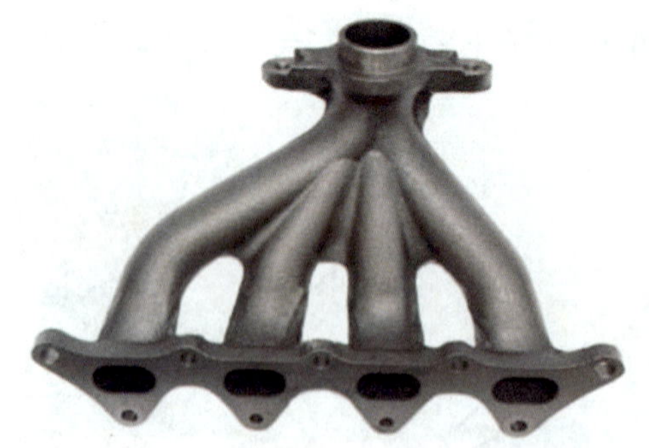

图 10－3 排气歧管

2. 三元催化器

三元催化器又叫催化转换器，如图 10－4 所示，是安装在汽车排气系统中最重要的机外净化装置，它可将汽车尾气排出的 CO、HC 和 NO_x 等有害气体通过氧化和还原作用转变为无害的二氧化碳、水和氮气。

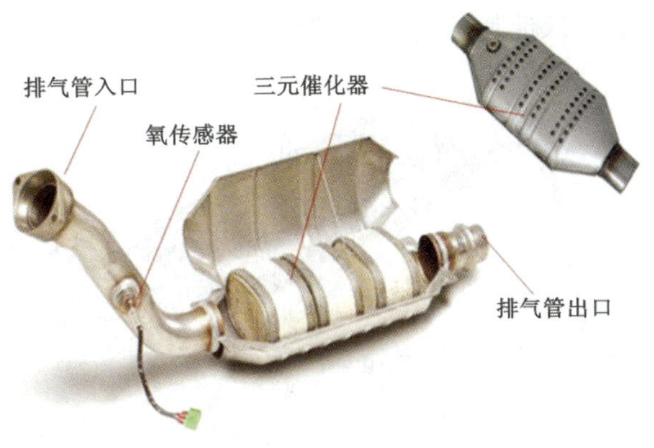

图 10－4 三元催化器

当高温的汽车尾气通过净化装置时，三元催化器中的净化剂将增强 CO、HC 和 NO_x 三种气体的活性，促使其进行一定的氧化－还原化学反应，其中 CO 在高温下氧化成为无色、无毒的二氧化碳气体；HC 化合物在高温下氧化成水（H_2O）和二氧化碳；NO_x 还原成氮气和氧气，如图 10－5 所示。三种有害气体变成无害气体，使汽车尾气得以净化。

而常温下三元催化器不具备催化能力，其催化剂必须加热到一定温度才具有氧化或还原的能力，通常三元催化器的起燃温度在 250～350℃，正常工作温度一般在 400～800℃。

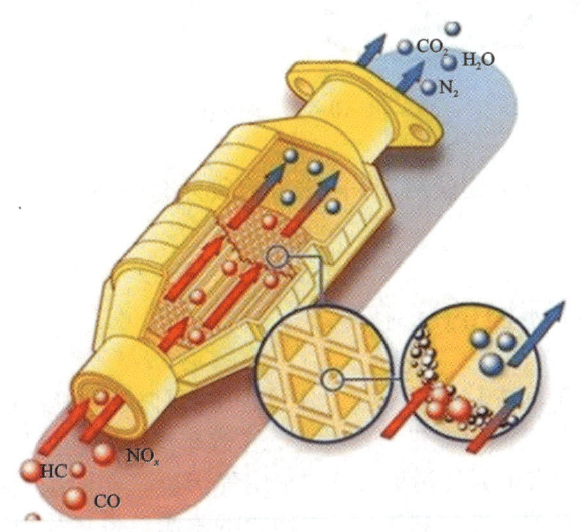

图 10－5 三元催化器工作原理

3. 消声器

在排气系统中，分有前消声器（副消气）和后消声器（主消声器）。消声器是一个圆形或者椭圆形的物体，多用薄钢板焊制，它内部有一系列隔板、腔室、孔管和管道，利用声波反射互相干扰抵消的现象，使声能逐渐消弱，用以隔离和衰减排气门每次打开时产生的脉动压力，如图 10－6 所示。

消声器的主要作用是降低发动机的排气噪声，并使高温废气能安全有效地排出。消声器作为排气管道的一部分，应保证其排气畅通、阻力小及足够强度。

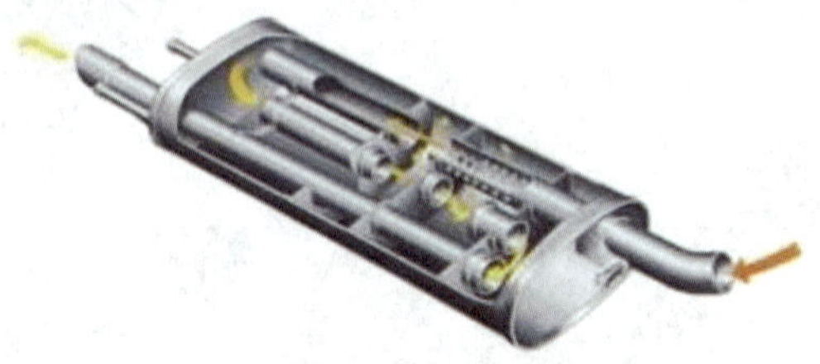

图 10－6　消声器

4. 波纹管

汽车排气波纹管又称汽车排气管软管，它安装于发动机排气歧管和消声器之间的排气管中，使整个排气系统呈挠性连接，从而起到减振降噪、方便安装和延长排气消声系统寿命的作用，如图 10－7 所示。

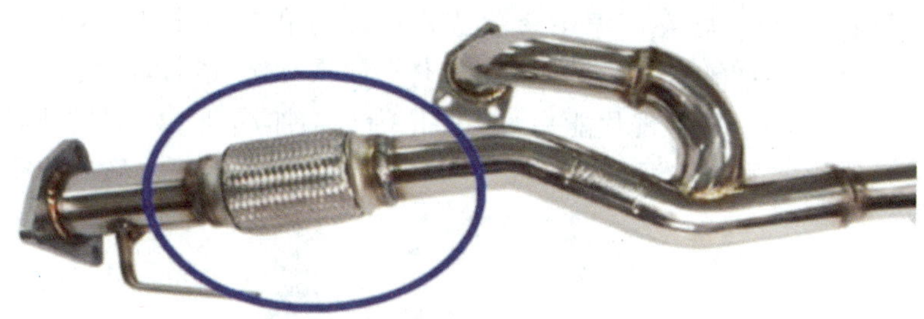

图 10－7　波纹管

其结构是双层波纹管外覆钢丝网套，两端直边段外套卡环，为使消声效果更佳，波纹管内部可配伸缩节或网套。

10.3　汽车尾气对环境的影响

汽车尾气是指机动车辆或其他设备在工作过程中所排放出的废气。在现代文明中，汽车已经成为人类不可缺少的交通运输工具。但是，在汽车产业高速发展、汽车产量和保有量不断增加的同时，汽车也带来了大气污染，即汽车尾气污染。在中国大中型城市，汽车尾气排放已成为主要的大气污染源。有资料表明，上海市的汽车总量只相当于日本东京的 1/12，但空气中主要由汽车排放的 CO、HC 和 NO_x 的总量却基本相同。中国在用汽车量随着经济的迅速发展和社会需要的增加，将大幅度增长。由此可见，减少汽车尾气排放物的紧迫性。

1. 有害物质

固体悬浮颗粒的成分很复杂，并具有较强的吸附能力，可以吸附各种金属粉尘、强致癌物苯并芘和病原微生物等。固体悬浮颗粒随呼吸进入人体肺部，以碰撞、扩散、沉积等方式滞留在呼吸道的不同部位，引起呼吸系统疾病。当悬浮颗粒积累到临界浓度时，便会激发形成恶性肿瘤。此外，悬浮颗粒物还能直接接触皮肤和眼睛，阻塞皮肤的毛囊和汗腺，引起皮肤炎和眼结膜炎，甚至造成角膜损伤。

一氧化碳与血液中的血红蛋白结合的速度比氧气快250倍。一氧化碳经呼吸道进入血液循环，与血红蛋白亲和后生成碳氧血红蛋白，从而削弱血液向各组织输送氧的功能，危害中枢神经系统，造成人的感觉、反应、理解、记忆力等机能障碍，重者危害血液循环系统，导致生命危险。所以，即使是微量吸入一氧化碳，也可能给人造成可怕的缺氧性伤害。

氮氧化物主要是指一氧化氮、二氧化氮，它们都是对人体有害的气体，特别是对呼吸系统有危害。在二氧化氮浓度为9.4 mg/m^3 的空气中暴露10 min，即可造成人的呼吸系统功能失调。

当氮氧化物和碳氢化合物在太阳紫外线的作用下，会产生一种具有刺激性的浅蓝色烟雾，其中包含有臭氧、醛类、硝酸酯类等多种复杂化合物。这种光化学烟雾对人体最突出的危害是刺激眼睛和上呼吸道黏膜，引起眼睛红肿和喉炎。1952年12月，伦敦发生光化学烟雾，4天中死亡人数较常年同期多4000人，45岁以上的死亡最多，约为平时的3倍；1岁以下的约为平时的2倍。

铅是有毒的重金属元素，汽车用油大多数掺有防爆剂四乙基铅或甲基铅，燃烧后生成的铅及其化合物均为有毒物质。城市大气中的铅60%以上来自汽车含铅汽油的燃烧。人体中铅含量超标可引发心血管系统疾病，并影响肝、肾等重要器官的功能及神经系统。由于铅尘比重大，通常积聚在1 m左右高度的空气中，因此对儿童的威胁最大。

2. 主要危害

大量的汽车尾气并不是无害的，汽油在燃烧过程中会释放一氧化碳、碳氢化合物、氮氧化合物等污染物，造成的最直接的后果是全球气候变暖。

一氧化碳会阻碍人体的血液吸收和氧气输送，影响人体造血机能，随时可能诱发心绞痛、冠心病等疾病。

碳氢化合物会形成毒性很强的光化学烟雾，伤害人体，并会产生致癌物质。产生的白色烟雾对家畜、水果及橡胶制品和建筑物均有损坏。

氮氧化合物使人中毒比一氧化碳还强，它损坏人的眼睛和肺，并形成光化学烟雾，是产生酸雨的主要物质，可使植物由绿色变为褐色直至大面积死亡。

3. 治理途径

(1)最根本和最终的途径：改变汽车的动力。如开发电动汽车及代用燃料汽车。此途径使汽车根本不产生或只产生很少的污染气体。

(2)改善汽车动力装置和燃油质量。采用设计优良的发动机、改善燃烧室结构、采用新材料、提高燃油质量等都能使汽车排气污染减少，但是不能达到"零排放"。

(3)采用净化技术。采用一些先进的机外净化技术对汽车产生的废气进行净化以减少污染。汽车尾气净化催化剂是控制汽车排放、减少汽车污染的最有效的手段。主要采用贵金属催化剂和稀土汽车尾气净化催化剂。贵金属催化剂主要选用铂、钯等作催化剂，具有活性高、寿命长、净化效果好等优点而很具实用性，但很难广泛推广；稀土汽车尾气净化催化剂是采用稀土、碱土金属和一些碱金属制备的催化剂；也有用稀土加少量贵金属制备的催化剂。稀土汽车尾气净化催化剂所用的稀土主要是以氧化铈、氧化镨和氧化镧的混合物为主，其中氧化铈是关键成分。由于氧化铈的氧化还原特性，有效地控制了排放尾气的组分，能在还原气氛中供氧，或在氧化气氛中耗氧。二氧化铈还在贵金属气氛中起稳定作用，以保持催化剂具有较高的催化活性。

单元练习

一、选择题

1. 排气系统主要由(　　)等组成的。

A. 排气歧管　　B. 排气净化装置

C. 排气管和消声器　　D. 以上都有

2. 汽油发动机排放的主要污染物有氮氧化合物、一氧化碳、(　　)和颗粒物等。

A. 碳氢化合物　　B. 碳氧化合物

C. 碳水化合物　　D. 以上都不是

3. 排气消声器的功用是降低从排气管排出废气的温度和(　　)

A. 振动　　B. 噪声

C. 水　　D. 以上都是

4. 采用三元催化器需要安装(　　)。

A. 前氧传感器　　B. 后氧传感器

C. 前后氧传感器　　D. 氧传感器和爆震传感器

5. 废气再循环是一种被广泛应用的排放控制措施，对降低(　　)有效。

A. CO　　B. NO_x

C. HC　　D. 碳烟

二、判断题

1. 强制排气过程不需要消耗发动机的有效功。(　　)

2. 三元催化器利用催化剂的催化作用来还原 NO_x 和氧化 CO、HC。(　　)

3. 常温下三元催化器不具备催化能力，其催化剂必须加热到一定温度才具有氧化或还原的能力，通常三元催化器的起燃温度在 250 ~ 350℃，正常工作温度一般在 1000 ~ 1500℃。(　　)

4. 排气系统中，分有前消声器(副消气)和后消声器(主消声器)。(　　)

5. 在二氧化氮浓度为 9.4 mg/m^3 的空气中暴露 10 min，即可造成人的呼吸系统功能失调。(　　)

图书在版编目（CIP）数据

汽车发动机构造与一般操作 / 周定武，黄志勇，罗灯明主编. —长沙：中南大学出版社，2019. 7

职业院校汽车类专业理实一体化（富媒体交互式）教材

ISBN 978 - 7 - 5487 - 3660 - 8

Ⅰ. ①汽… Ⅱ. ①周… ②黄… ③罗… Ⅲ. ①汽车—发动机—构造—高等职业教育—教材 Ⅳ. ①U464

中国版本图书馆 CIP 数据核字（2019）第 123510 号

汽车发动机构造与一般操作

周定武　黄志勇　罗灯明　主编

□**责任编辑**　胡小锋

□**责任印制**　易建国

□**出版发行**　中南大学出版社

社址：长沙市麓山南路　　邮编：410083

发行科电话：0731 - 88876770　　传真：0731 - 88710482

□**印　　装**　湖南鑫成印刷有限公司

□**开　　本**　787 × 1092　1/16　□**印张** 10　□**字数** 256 千字

□**版　　次**　2019 年 7 月第 1 版　□**印次**　2019 年 7 月第 1 次印刷

□**书　　号**　ISBN 978 - 7 - 5487 - 3660 - 8

□**定　　价**　38.00 元

参考文献

[1]孔宪峰. 汽车发动机构造与维修[M]. 北京：高等教育出版社，2007.
[2]陈瑜，雍朝康. 汽车发动机构造与拆装[M]. 北京：人民交通出版社，2011.
[3]罗灯明，鲍远通. 汽车构造(上册)——发动机构造(第2版)[M]. 北京：北京大学出版社，2015.